LES
FABULEUX
ITINÉRAIRES
MICHELIN

W0331142

La France insolite

LE GUIDE

MICHELIN

Le guide mode d'emploi

Le tracé de l'itinéraire en un coup d'œil.

Suivez nos étoiles

Des sites touristiques classés par étoiles.

★★★ VAUT LE VOYAGE
★★ VAUT LE DÉTOUR
★ VAUT LA VISITE

ÉTABLISSEMENT ENGAGÉ DANS UN TOURISME ÉCORESPONSABLE

Une sélection d'adresses gourmandes pour déjeuner et dîner, des adresses de charme pour passer la nuit.

CUISINE UNIQUE
CUISINE D'EXCEPTION
CUISINE D'UNE GRANDE FINESSE

GASTRONOMIE RESPONSABLE

NOS MEILLEURS RAPPORTS QUALITÉ-PRIX

Sélection Guide Michelin 2025

Qui dit gourmand, dit souvent pris d'assaut : pensez à réserver à l'avance.

À midi, un restaurant étoilé procure une expérience exceptionnelle à prix plus doux que le soir.

Les catégories de prix

€ jusqu'à 20 € (pour un plat)
jusqu'à 90 € (chambre double standard)

€€ de 20 à 30 € (pour un plat)
de 90 à 130 € (chambre double standard)

€€€ de 30 à 60 € (pour un repas)
de 130 à 180 € (chambre double standard)

€€€€ plus de 60 € (pour un repas)
plus de 180 € (chambre double standard)

L'itinéraire sur votre téléphone

Grâce aux données GPX, on vous emmène le long des routes que nous avons choisies pour vous... jusqu'à votre chambre d'hôtel.

Au cœur *des* **légendes** *médiévales*

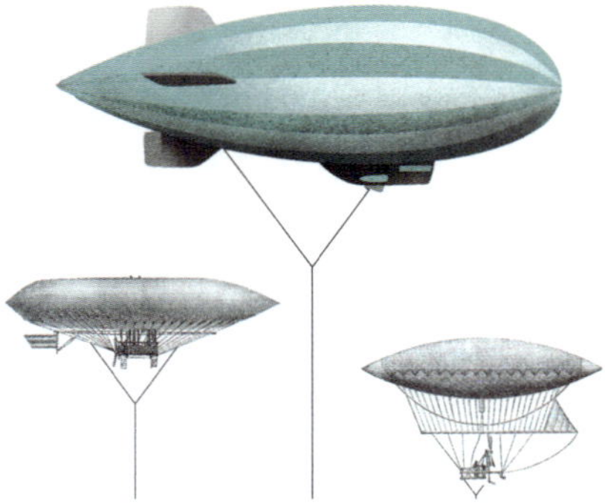

ILLUSTRATIONS DE

Djohr

Sommaire

ITINÉRAIRE 01 - NORD-PAS-DE-CALAIS

3 JOURS - 230 KM

DUNKERQUE > CALAIS > BOULOGNE-SUR-MER >
TILQUES > NŒUX-LES-MINES > ARRAS

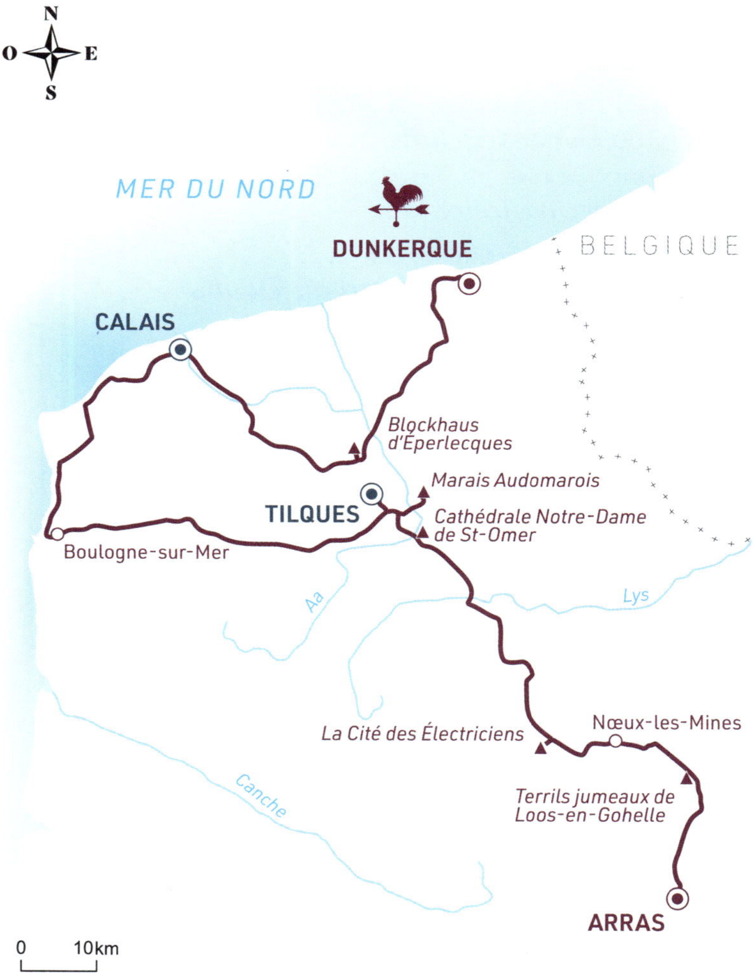

Terrils *en la* demeure

1re Étape

MATINÉE À DUNKERQUE

Quand on est à Dunkerque, autant s'intéresser un minimum aux activités portuaires. Le port est quand même là depuis 800 ans. Vous satisferez votre curiosité au **Musée maritime et portuaire★** qui a la bonne idée de réunir un musée à flot, soit trois bateaux à visiter, et un musée à quai, aménagé dans un entrepôt à tabac *(9 quai de la Citadelle - www.museeportuaire.fr)*. Passez devant le carillonnant **beffroi de St-Éloi** en haut duquel vous monterez d'autant plus facilement qu'il est équipé d'un ascenseur. Après les 65 dernières marches, la terrasse se met en quatre pour déployer toute la topographie portuaire que vous aurez digérée pendant votre visite au musée. Nous espérons que vous aurez remarqué l'architecture du 15e s. qui, par miracle, a échappé aux bombardements de la Luftwaffe en mai-juin 1940, alors que l'armée alliée, poussée par la *blitzkrieg*, était prise au piège. On aura souvent l'occasion de remarquer avec quel acharnement les hommes s'emploient à détruire ce qu'ils ont mis un certain temps à construire. Allez, oublions les marchands d'armes et promenons-nous le long de la **plage** de Malo-les-Bains. On peut encore admirer quelques **villas★** Belle Époque sur la digue devant l'immense ruban de sable.

DÉJEUNER À DUNKERQUE

Faites **Comme vous voulez** pour le déjeuner, nous, on veut voir la mer. Ce restaurant a presque les pieds dans la Manche pour déguster un dos d'églefin, un waterzooï de poissons ou des rognons de veau, si possible en terrasse.
58 r. digue de Mer - comme-vous-voulez.fr - €€.

On continue avec les bruits de botte. Cette fois, il s'agissait de détruire Londres... La montagne de béton du **blockhaus d'Éperlecques★**, haute de 22 m, émerge de la forêt du même nom. Il a été construit en 1943 par les Allemands pour lancer des fusées V2 vers l'Angleterre. Cet exemple ultime d'architecture brutaliste ne fait pas rêver quant aux conditions de travail.
Terminez l'après-midi à **Calais**, où vous commencerez par renouer avec votre prochain à la **Cité de la dentelle et de la mode★★**. La dentelle, voilà une bonne façon de s'occuper.
135 quai du Commerce - www.cite-dentelle.fr.

DÎNER ET NUIT À CALAIS

Une **Histoire ancienne** ☺, c'est une cuisine bistrotière, finement présentée dans un cadre Art déco, qui n'a pas renié le passé mais sait encanailler l'histoire.
20 r. Royale - www.histoire-ancienne.com - €€/€€€.
À la **maison d'hôtes Richelieu**, réservez une chambre au joli papier peint et meubles authentiques donnant sur le parc. Il faut aller au café du coin pour le petit-déjeuner, ce qui n'est jamais pour nous déplaire.
17 r. Richelieu -www.hotel-richelieu-calais.com - €.

L'OPÉRATION DYNAMO, QUÉSACO ?

C'est un plan d'évacuation déclenché par les Britanniques en mai 1940, devant la situation tragique des soldats bloqués dans la poche de Dunkerque. Ils organisèrent depuis les côtes anglaises un gigantesque sauvetage opéré par une noria de navires de guerre, de commerce, et même de plaisance. Vous, par exemple, paisible papy de Ramsgate, vous auriez pu faire un aller-retour avec votre *little ship*. Si vous n'avez rien contre les mélos, nous vous recommandons de voir *Mrs Miniver* de W. Wyler, qui raconte l'équipée, dès 1942. Nous, on est fan.

ALTERNATIVE

Aux passionnés qui n'auront pas pu s'arracher du musée, restez dans l'ambiance. Déjeunez à **la Cambuse**, une adresse branchée où est servie une cuisine de brasserie dans une déco design industriel, murs bruts et piliers en fonte. *25 r. du Gouvernement -* Facebook *- €.*

ALTERNATIVE

À **Audresselles**, petit village côtier, installez-vous devant la Manche et commandez une daurade fraîche à **La Plage** ☺ *(€€)*. Dormez sur place, au bruit des vagues *(21 r. Gustave-Danquin - www.hoteldelaplage-audresselles.com - €)* ou dans la jolie villa **L'Escale** à 100 m de la plage. *73 r. St-Jean -* Instagram *villa.lescale.audresselles - €€€.*

2e Étape

DÉPART DE CALAIS

Calais n'est pas seulement la ville des Leavers, ou de l'entrée du Tunnel sous la Manche et des histoires tragiques qui entourent les rêves d'Angleterre. C'est aussi la ville du **Dragon**. L'un d'entre eux, tout doré, cherche le nord en haut du **beffroi**★★, construit comme l'**hôtel de ville**★ en 1923. L'autre, le plus voyant (il mesure 10 m de haut sur 25 m de long, vous ne pourrez pas le rater), fait le malin sur la plage depuis 2016. Selon ses humeurs, Long Ma, tel est son nom, crache du feu, de la fumée, de l'eau, il bat des ailes, se lèche la patte, remue la queue, éternue, toise du regard les bateaux transfrontaliers et emporte sur son dos une cinquantaine d'humains plus ou moins rassurés. En 2020, il a été rejoint par un iguane. Et bientôt, deux varans et six autres iguanes arpenteront les rues de Calais, inscrivant le fantastique au cœur de la cité pour conjurer les misères du monde. Car le dragon est un gardien protecteur et on s'attache vite à ces petites bêtes *(www.calaisxxl.com)*. En route pour Boulogne-sur-Mer.

DÉJEUNER À BOULOGNE-SUR-MER

Parions sur le soleil. Terminez la matinée par un bon bain de mer et allez reprendre des forces au **restaurant de La Plage**. On ne s'est pas foulé pour trouver le nom du restau (surtout qu'une route passe entre la terrasse et la plage), mais en salle, on sort les nappes blanches et en cuisine, on se démène. Cuissons impeccables et dressages soignés. Et, pour le dessert, les crêpes Suzette sont flambées sous vos yeux. L'endroit parfait pour apprécier le poisson.
124 bd Ste-Beuve - www.restaurantdelaplage.fr - €€€.

Promenez-vous dans **Boulogne**★. Il y a de quoi faire. Entre **Nausicaa**★★, le centre national de la Mer, et la **ville haute**★★, tout enveloppée dans ses remparts, le premier port de pêche français ne vous laissera pas partir facilement. Dans la ville haute, justement, la **basilique** est allongée sur une immense **crypte**★★ qu'il faut absolument aller voir car elle est unique en son genre, d'autant qu'elle a été superbement restaurée. Un réseau de galeries relie douze salles, délimitées par les murs de fondation de l'église médiévale, dont les parois et les voûtes sont entièrement couverts de fresques du 19e s. *(r. de Lille)*.
Sortez de l'impressionnant dédale pour rejoindre le **marais Audomarois** traversé par des *watergangs*. Ce nom, qui nous a un peu effrayé, désigne non pas des individus en bande organisée mais des chemins d'eau, charmants et qu'empruntent sur leur barque à fond plat les quarante familles de maraîchers qui habitent le marais. Une bonne perche (ou un moteur électrique), un coup de bacôve, et on livre ses choux-fleurs, ou le courrier quand il s'agit du facteur. À moins que ce soit une escute. Parce que la bacôve est à l'escute ce que le camion est à la voiture.

À VOIR AUSSI

Le **Monument des Bourgeois de Calais**★★ de Rodin rend hommage aux six hommes qui se sont livrés en 1347 au roi d'Angleterre qui venait de prendre Calais. Sans demander la permission, il va sans dire. *Pl. du Soldat-Inconnu - www.calaisxxl.com.*

LES MÉTIERS LEAVERS, QUESACO ?

Calais est mondialement connue pour sa dentelle. Ces métiers à tisser ont été inventés au 19e s. par John Leavers. Ils produisent une dentelle mécanique de haute qualité. Vérifiez votre soutien-gorge.

ALTERNATIVE

C'est l'heure du welsh complet à **L'Archipelle**, un bar-restau décontracté à 30 secondes de la plage. *3 r. du Mar.-Foch - Le Portel - www.larchipelle.com - €.*

À VOIR AUSSI

Si nous vous avons convaincu avec nos bacôves et nos escutes, contactez **Les Faiseurs de bateaux**. Ils expliquent mieux que nous. Et surtout, ils vous emmèneront dans le marais silencieux, écouter les oiseaux et le bruit de la barque qui file sur l'eau tranquille. *43 rte de Clairmarais - St-Omer - lesfaiseursdebateaux.fr*

ADRESSE

Dormez à St-Omer, dans une maison de maître entre un canal et un jardin. **Chambre d'hôte Caps et Marais d'Opale** - *11 quai du Commerce - www.chambresdhotes-opale.com - €.*

DÎNER ET NUIT À TILQUES

Dîner et nuit au **château de Tilques**, dont l'architecture en briques fin 19e s'élève dans un parc arboré que prisent les cygnes et les paons. Chambres dotées de meubles de style, plus contemporaines à l'annexe. Dans le restaurant cossu, logé aux écuries, la cuisine est classique. Végétariens bienvenus *(€). 12 r. du Château - www.tilques.najeti.fr - €€.*

3e Étape

À VOIR AUSSI

À **Desvres**, le **musée de la Céramique** ressemble à des carreaux de faïence jetés dans l'herbe. Incroyable collection à l'intérieur. *R. Jean-Macé - www.musee-ceramique-desvres.com.*

DÉPART DE TILQUES

Vous êtes à deux pas de **St-Omer★★**. Voyez à la **cathédrale★★** *La Descente de croix* de Rubens qui fait faire à son Christ cadavérique une dernière et spectaculaire révérence. On pénètre maintenant dans le pays des corons et des terrils. À **Bruay-la-Buissière,** la **Cité des Électriciens★** vous met tout de suite dans l'ambiance des premières cités minières, celles des années 1850. On se promène dans les voyettes (ruelles) entre les jardins et les barreaux d'habitations réhabilités qui ont conservé leurs carins (dépendances). Rien à voir avec Zola, c'est tout beau tout mignon maintenant que les mines ont fermé. *R. Franklin - citedeselectriciens.fr*

UN TERRIL, QUÉSACO ?
C'est une ch'tite montagne de déchets minéraux rejetés par l'activité d'extraction des mines. Les terrils deviennent terribles quand les résidus de charbon s'échauffent à des températures qui peuvent atteindre plusieurs centaines de degrés. Renseignez-vous avant de grimper sur un petit cône gris.

DÉJEUNER À NŒUX-LES-MINES

Déjeunez dans une mine de goûts à l'**Atelier des saveurs**. Rien de compliqué, juste des assiettes fines et gourmandes dans un décor intime et chaleureux.
94 rte Nationale -www.restaurant-latelierdessaveurs.fr -€€.

On continue dans le **Bassin minier** qui, à la fin du 19e s., extrayait de son sous-sol la moitié de la houille produite en France, et s'est lentement éteint entre 1960 et 1990. La bonne nouvelle est que les terrils, qui faisaient plutôt sinistre figure au temps de *Germinal*, ont repris des couleurs depuis que la végétation est revenue. Merci les arbres, on ne le dira jamais assez. Certains terrils accueillent même un stade de glisse. Nous, on ne s'est pas risqué en snowboard mais on vous le signale pour votre valise *(***Loisinord** *- r. Léon-Blum -www.tourisme-bethune-bruay.fr)*. D'autres sont devenus des sites de randonnée d'autant plus prisés que les montagnes sont rares dans ce pays. Divers parcours pédestres invitent à la découverte de ce patrimoine insolite, les stars de la région étant sans conteste les **terrils jumeaux de Loos-en-Gohelle**, les plus hauts d'Europe.
www.chainedesterrils.eu
En route vers **Arras★★**, pour ses deux **places★★★** exceptionnelles surtout si vous voyagez la veille d'un samedi, jour du grand marché.

ALTERNATIVE

Au prix d'un petit retour sur vos pas, allez vous faire materner au **château de Beaulieu**, d'abord au **restaurant gastronomique de Christophe Dufossé**✿✿✿, et ensuite dans votre chambre au confort sans surprise (et surtout à la piscine dans les bois ou presque). À la brasserie, excellente table et addition allégée. *1098 r. de Lillers - Busnes - www.lechateaudebeaulieu.fr - €€€€.*

DÎNER ET NUIT À ARRAS

Dînez sans façon au **Petit Rat Porteur**, un restaurant tendance où se retrouvent les Arrageois. Belle cave voûtée et terrasse agréable *(11 r. de la Taillerie - lepetitratporteur.com - €)*. Dormez ensuite au-dessus du beffroi dans l'une des chambres simples et élégantes de **la Cour des grands**. *27 pl. des Héros - www.lacourdesgrandsarras.com - €.*

Et si on allait voir plus loin

Notre sélection de sites, adresses, expériences insolites en dehors de l'itinéraire

BOURBOURG

Église St-Jean-Baptiste

Détruit pendant la Seconde Guerre mondiale et muré jusqu'à la fin des années 1990, le chœur de l'église reçoit désormais un ensemble d'une quinzaine de sculptures du Britannique Anthony Caro (1924-2013). Dans ce **Chœur de lumière★** (2008), l'artiste explore les frontières entre l'art gothique et l'art contemporain, le païen et le religieux, l'architecture et la sculpture.
26 pl. du Marché-aux-Chevaux.

Ancienne prison

Cette prison communale date du 16e s. Elle arbore sur sa façade en briques blondes un cadran solaire surmonté d'une inscription latine signifiant « Nul ne sait l'heure ». Une référence aux pensionnaires des cachots plongés dans le noir jour et nuit ? À l'étage, dans les cellules, on peut lire des inscriptions de prisonniers déserteurs datant de la période napoléonienne.
29 pl. du Général-de-Gaulle.

CAMBRAI

Galeries de la Citadelle★

Une visite unique et captivante à travers les galeries de contre-mine de la citadelle, extrêmement bien conservées. On parcourt 1 000 m sur les 7 860 m de galeries devenues souterraines suite au comblement des fossés à la fin du 19e s. Ceux-ci étaient protégés par ces galeries voûtées en plein cintre inscrites dans l'épaisseur de la muraille. Lors du démantèlement des fortifications, les fossés furent comblés et offrent aujourd'hui de nombreux jardins propices au jeu et à la détente.
Bd Paul-Bezin - www.tourisme-cambresis.fr

MAUBEUGE

Salle Sthrau★

Édifiée en 1624, cette chapelle du collège des Jésuites a été désacralisée à la Révolution française. Elle servit ensuite d'écurie, de caserne, de bibliothèque jusqu'en 1914 où elle fut en grande partie détruite. L'architecte Henri Lafitte l'a reconstruite et sublimée en 1927, la transformant en joyau Art déco. Au rez-de-chaussée, il a créé une salle de musique dotée d'un plafond à caissons en stuc et de murs décorés d'une série de panneaux peints. À l'étage, une somptueuse salle de bal voit le jour sous une voûte en berceau à caissons et une verrière en forme d'ellipse de 12 m sur 7. En 2020, des travaux de restauration lui ont rendu tout son éclat. Un bijou !
4 r. Georges-Paillot

RIEULAY

Les Argales

À partir de 1977, l'énorme masse du terril 144 s'est progressivement enfoncée dans le sol constitué de tourbières, faisant remonter la nappe phréatique et entraînant l'apparition d'un plan d'eau à ses pieds : le bien nommé étang des Argales, qui signifie « friches » en patois. En partie aménagé en base nautique, doté d'une plage de sable fin, le plan d'eau abrite, dans sa partie ouest, une réserve ornithologique que l'on découvre en empruntant des sentiers de promenade très bien aménagés : une balade facile de 4 km fait le tour du lac.
www.rieulay.fr/espace-terril

ROUBAIX

La Piscine - musée d'Art et d'Industrie André-Diligent★★

Hier « temple de l'hygiène », fréquenté par les Roubaisiens pendant plus de soixante ans, ce splendide complexe Art déco de bains-douches (1927-1932), édifié par Albert Baert puis reconverti en musée par l'architecte Jean-Paul Philippon, est aujourd'hui classé parmi les meilleurs musées de France par *Le Journal des arts*.
23 r. de l'Espérance - www.roubaix-lapiscine.com

Villa Cavrois★★

Dans la banlieue résidentielle de Roubaix, Paul Cavrois, un industriel du textile, fit appel à Robert Mallet-Stevens (1886-1945), grande figure de l'architecture de l'entre-deux-guerres, pour concevoir sa villa, le mobilier, le jardin et la piscine, créant ainsi une « œuvre totale ». Construite entre 1929 et 1932, la villa est un bel exemple d'architecture civile et de décors modernes, alliant esthétique et fonctionnalité.
60 av. J.-F.-Kennedy - Croix - www.villa-cavrois.fr

DUNKERQUE

ITINÉRAIRE 02 - ÎLE-DE-FRANCE

3 JOURS - 140 KM

POISSY > MEUDON > VARENNES-JARCY >
MILLY-LA-FORÊT > FONTAINEBLEAU

Déserts de farceurs

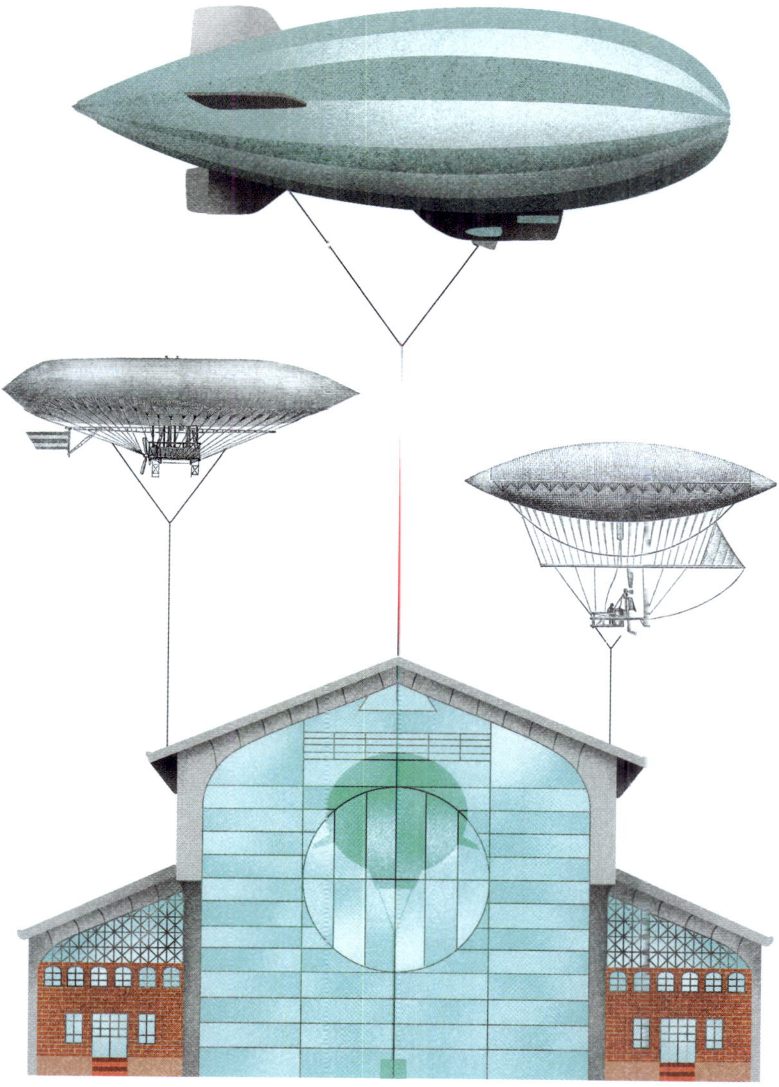

À VOIR AUSSI

Pour juger de la radicalité de la villa Savoye, voyez la **maison de Fer** dans le parc Meissonier. Révolutionnaire en 1896, elle l'était pour ses matériaux – elle est entièrement construite en tôle emboutie –, mais sa forme reste traditionnelle. Vous, heureux commanditaire, qu'auriez-vous choisi ?

ALTERNATIVE

Sous les parasols ou sur les banquettes de la **Cantine de Marius**, on avale un dos de cabillaud sur une fondue de poireaux, à deux pas du **château de St-Germain-en-Laye★★**. *1 pl. André-Malraux - www.lacantinedemarius.fr - €€.*

UNE FABRIQUE, QUÉSACO ?

Dans le vocabulaire des jardins, c'est une construction pittoresque qui anime un parc. Elle peut prendre l'aspect d'un temple antique ou d'une architecture exotique. Votre nain de jardin, à sa façon, est une fabrique.

À VOIR AUSSI

Le saviez-vous ? Il fut un temps où on pouvait être un (bon) auteur et riche à la fois : avec les droits de ses *Trois Mousquetaires* et de son *Comte de Monte-Cristo*, Alexandre Dumas s'est fait construire un château hallucinant : **Monte-Cristo**. *www.chateau-monte-cristo.com*

1re Étape

MATINÉE À POISSY

Autant vous prévenir, on va le retrouver. Original, c'est le moins qu'on puisse dire. On l'a surnommé le fada *(voir p. 120)*, on lui a mis des « bâtons dans les rues », il n'empêche que Le Corbusier a eu une influence considérable sur l'architecture du 20e s. Des idées neuves à haute ambition esthétique et sociale, mais proposées de façon trop radicale selon certains. Vous jugerez aux Heures Claires, la **villa★** qu'il conçoit en 1928 pour **Pierre et Eugénie Savoye**, si ses 5 points de l'architecture auraient fait votre bonheur (pilotis, fenêtre horizontale, plan libre, toit plat et façades libres). Résultat, un carré blanc en lévitation, considéré comme une icône du modernisme dans la mesure où Le Corbusier, en exaltant les volumes purs, ouvre là la voie vers le purisme, où s'engouffrera le style international. Il paraît que les Savoye se sont battus avec les fuites. On ne fait pas la révolution sans casser quelques œufs. *82 r. Villiers - www.villa-savoye.fr*

DÉJEUNER À POISSY

Ambiance impressionniste et canotiers à l'**Esturgeon**, sur les bords de Seine. Pendant que vous prenez vos marques devant les grandes fenêtres ouvertes sur le fleuve, une cuisine gastronomique à la française s'installe tranquillement dans votre assiette.
6 cours du 14-Juillet - www.lesturgeon.com - €€€.

Vous a-t-on déjà dit qu'il y avait un désert en bordure de Paris ? Mais à Chambourcy, nulle sécheresse, ni sable, ni vent. En bordure de la forêt de Marly, le **désert de Retz★** est un jardin anglo-chinois du 18e s. à la végétation foisonnante, qui compta jusqu'à vingt fabriques (il n'en reste plus qu'une dizaine). La plus emblématique, la Colonne détruite, fait allusion à la tour de Babel. Cette construction de pierre monumentale, toujours visible au cœur du parc, servait autrefois d'habitation au propriétaire des lieux. Alors pourquoi désert ? Parce que son propriétaire pouvait s'y trouver « sans habitant », autrement dit loin des fâcheux. C'est aujourd'hui l'un des rares déserts qui soit conservé dans un état très proche de celui qu'il avait au 18e s. *www.ledesertderetz.fr (attention, ouvert d'avr. à oct.).*

DÎNER ET NUIT À MEUDON

À moins que vous ne préfériez l'ambiance bistrot du **Nova Kfé** *(5 r. de Paris - €€)*, optez pour l'atmosphère chic, contemporaine, et estivale quand la terrasse est dressée au milieu des rosiers, de **l'Escarbille**. Pour rester dans le thème rivière, les cuisses de grenouilles sautées à l'ail se marient à merveille avec le velouté de cresson. À arroser de vins de petits producteurs sélectionnés avec minutie. *8 r. de Vélizy - www.lescarbille.fr - €€€/€€€€.*
Nous, on adore les maisons en pierre meulière, surtout quand, depuis les chambres, on a vue sur tout Paris. **Le 24** - *24 rte des Gardes - le24meudon.fr - €€€.*

2e Étape

MATINÉE À MEUDON

On ne va pas tous les jours dans un hangar à dirigeables. D'abord, on ne vole plus en dirigeable, ensuite, cette histoire est tellement ancienne qu'ils n'existent plus. Il en reste deux pourtant, dont un à **Meudon★**, commune qui, par ailleurs, regorge de ressources. Il a été récemment transformé en centre d'art, le **Hangar Y**. Tout autour, le **parc** dessiné par Le Nôtre (le jardinier du 17e s., pas le pâtissier) est ponctué de sculptures contemporaines. Dans le hangar, lieu époustouflant par son volume (23 m de hauteur par 70 m de long) et sa façade vitrée (pas simple à climatiser), se trouve une galerie, un restaurant et une guinguette au bord de l'eau, ouverte en été. *9 av. de Trivaux - hangar-y.com*

À VOIR AUSSI

Après son aventure tumultueuse avec sa jeune élève Camille Claudel, **Rodin** a vécu à Meudon, villa des Brillants, avec Rose Beuret, compagne de toujours. Un **musée★** à voir, notamment pour sa **galerie des Plâtres**. *19 av. Auguste-Rodin - www.meudon.musee-rodin.fr*

DÉJEUNER À MEUDON

C'est l'été. Restez dans le parc et déjeunez à la guinguette. *14 r. Armand-Guillaumin - www.laubergedelavallee.fr - €€.*

ALTERNATIVE

Déjeunez chez **Bird**, un restaurant de poche à Yerres, charmante petite ville où la famille Caillebotte avait sa maison. *38 r. Charles-de-Gaulle - www.bird-restaurant.com - €€€.*

À **Évry**, la cathédrale★ prend tout le monde par surprise. Elle est orange et arbore la forme d'un cylindre (1996). On dirait que la couronne du Christ lui est tombée sur la tête, ou une auréole de sainteté, vous nous direz, quand vous aurez vu les 24 tilleuls argentés plantés en cercle au sommet du bâtiment *(cours Mgr-Roméro)*. Comme c'est notre quart d'heure œcuménique, nous vous invitons à passer ensuite à la **mosquée** (1995), dont l'aspect extérieur ne laisse pas présager les raffinements intérieurs *(20 r. Georges-Brassens)*, puis à la **pagode Khánh-Anh** (2016) qui accueille bouddhistes et visiteurs curieux sous ses toits retroussés. *8 r. François-Mauriac -* - *www.khanhanh.fr.*

Continuez vers Périgny. Celui pour qui le vrai art est toujours là où on ne l'attend pas n'en était pas à sa première métamorphose lorsqu'il prit le virage de l'hourloupe. Jean Dubuffet baptisa ainsi son style né de dessins au stylo à bille griffonnés machinalement pendant une conversation au téléphone. Outre la **Fondation Dubuffet★**, qui conserve et expose à Périgny l'essentiel de ses collections, allez visiter la **Closerie Falbala**. Elle entoure de son enclos blanc, qui paraît du papier mâché, la **Villa Falbala** et son **Cabinet logologique**. C'est peut-être à partir de ce centre absolu qu'a proliféré l'hourloupe. *www.fondationdubuffet.com (visite sur rdv).*

À VOIR AUSSI

Le spécialiste de l'hourloupe que vous êtes devenu ne manquera pas la **tour aux Figures** de Dubuffet dans le **parc départemental de l'île St-Germain★**. *170 quai de Stalingrad - Issy-les-Moulineaux - www.hauts-de-seine.fr*

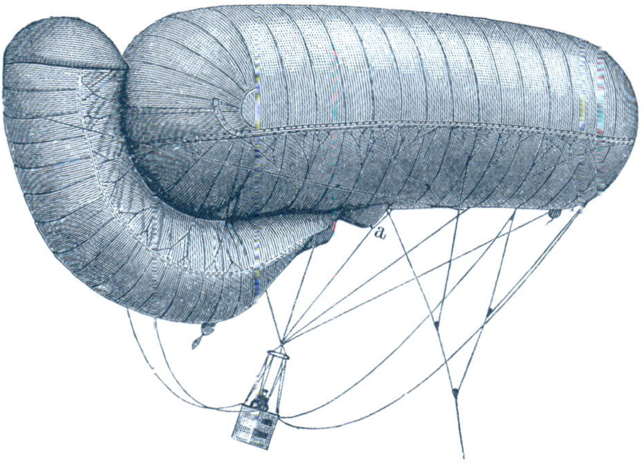

DÎNER ET NUIT À VARENNES-JARCY

Nuit dans une vraie maison de campagne. Aux **Demeures de Varennes**, vous trouverez un parc pour étouffer les rumeurs citadines, un castel du 18e s. pour abriter votre chambre, un esprit maison de famille que vous pourriez tout aussi bien retrouver à Long Island (ainsi va le monde), et une longère pour dîner. *Le Vieux-Castel - 2 r. de Brie - Varennes-Jarcy - www.demeuresdevarennes.com - €€€/€€€€.*

3e Étape

DÉPART DE VARENNES-JARCY

Il était une fois, au fond de la **forêt de Milly**, un cyclope appelé **Cyclop★**. Il n'avait pas de corps, juste une tête de 20 m de haut. Grâce à sa peau-miroir qui reflétait le ciel, les arbres et les animaux, Cyclop se camouflait dans les bois. Il était un peu farceur, et quand enfin il se décidait à se montrer, c'était pour vous fixer de son œil unique et jaune et pour vous tirer une grande langue-fontaine. Eh bien, non, ce n'est pas un conte de fées, c'est une sculpture géante de Jean Tinguely et Niki de Saint-Phalle *(www.lecyclop.com)*. Après avoir fait connaissance avec le Polyphème des temps modernes, visitez **Milly-la-Forêt★**, bourgade où habitait Jean Cocteau, qui a décoré la chapelle. Pour changer un peu, il a mis Jésus au milieu d'un herbier géant. Et il repose là, au milieu des simples, sous sa pierre tombale qui nous dit : « Je reste avec vous ». On adore son esprit farceur *(R. de l'Am.-de-Graville - www.chapelle-saint-blaise.org)*. Précisons que les plantes médicinales étaient la spécialité du village, en particulier la menthe poivrée.

DÉJEUNER À MILLY-LA-FORÊT

Au cœur du village, vous déjeunerez dans un magasin d'antiquités converti en un restaurant contemporain et élégant. Sur le patio-terrasse, le quasi de veau rôti, polenta et jardinière à la cardamome vous arrachera définitivement de l'œil du cyclope. **Les Coqs** - *24 pl. du Marché - lescoqs.fr - €€€.*

Nous sentons en vous l'amateur de rocher. Dirigez-vous vers la **forêt de Fontainebleau★★★**, ou plus précisément vers son annexe, le **massif des Trois-Pignons★**. Il a un petit côté désertique qui colle parfaitement avec notre itinéraire : vallées sèches, pitons émoussés et, en général, curiosités typiques des régions gréseuses. Débrouillez-vous pour trouver le sentier **Denecourt-Colinet n° 16**, qui traverse un terrain plat semé de blocs, aborde le promontoire du télégraphe de Noisy (disparu) et s'élève sur la platière, au milieu de la lande.

DÎNER ET NUIT À FONTAINEBLEAU

L'Axel ✿ est une conjugaison heureuse de la cuisine gastronomique française avec les ingrédients et la présentation raffinée des Japonais. Rencontre fortuite entre une chips et un origami. *43 r. de France - www.laxel-restaurant.com - €€€€.*
À **l'Aigle Noir**, dans un hôtel particulier du 18e s. les chambres raffinées et luxueuses pullulent d'abeilles (imprimées sur la moquette, vous aurez compris) et de meubles de style Empire. *27 pl. Napoléon-Bonaparte - www.aiglenoirhotel.com - €€€€.*

ADRESSE

Puisqu'on vous dit que les simples sont la spécialité de Milly-la-Forêt : **Conservatoire national des plantes à parfum, médicinales, aromatiques et industrielles.** *Ch. des Petits-Saules - www.cnpmai.net.*

SAPONAIRE

À VOIR AUSSI

Pèlerinage pour les fous de jazz : à Samois, **Django Reinhardt** a vécu au 3 r. du Bas-Samois, non loin d'un beau lavoir. Juste à côté, **l'île du Berceau★**, aménagée en promenade, est le lieu d'un célèbre **festival de jazz**. *www.festivaldjangoreinhardt.com*

ALTERNATIVE

Moins cher que l'Axel, mais même chef exceptionnel : **Fuumi**. On peut y faire une razzia de gyozas. *39 r. de France - www.restaurantfuumi.com - €€.* Dormez ensuite dans une péniche sur la Seine, au calme et au pays de Django. **La péniche Éden** - *Quai de la République - Samois-sur-Seine - penicheeden.com - €€.*

Et si on allait voir plus loin

Notre sélection de sites, adresses, expériences insolites en dehors de l'itinéraire

BOUGIVAL

Datcha de Tourgueniev

L'écrivain **Ivan Tourgueniev** (1818-1883) fit construire ce chalet, « dans le style d'une datcha », en 1875, sur le terrain dépendant de la villa qu'il venait d'acheter avec ses amis Pauline et Louis Viardot. Il y rédige ses dernières œuvres (*Terres Vierges, Clara Militch*...) et y reçoit ses amis et admirateurs, Flaubert, Maupassant, Henry James...
Musée européen Ivan Tourgueniev - 16 r. Ivan-Tourgueniev - www.datchatourgueniev.net

La Machine de Marly

Au 17e s., une imposante **machine** alimentait en eau les parcs de Marly et Versailles. S'il n'en subsiste que des vestiges, on apprend son histoire et son fonctionnement au **musée du Domaine royal de Marly** *(www.musee-domaine-marly.fr)*. Du pont routier de l'île de la Loge, la vue s'étend sur le site, qui inclut aussi les bâtiments du 19e s., occupés depuis 1968 par des usines de traitement des eaux *(quai Rennequin-Sualem)*. Au sommet de la pente, on aperçoit au loin le **château** construit pour Mme du Barry par Ledoux à **Louveciennes**★.
6 ch. de la Machine - www.seine-saintgermain.fr

BOULOGNE-BILLANCOURT

Musée départemental Albert-Kahn★

Après avoir acquis 4 ha de terrain en 1910, le banquier et mécène Albert Kahn, convaincu que la connaissance des cultures étrangères encourage le respect entre les peuples, fait aménager un **jardin-mappemonde**★ qui réunit des jardins japonais, anglais et à la française, un palmarium, un verger roseraie, une forêt bleue composée d'épicéas et de cèdres de l'Atlas qui débouche sur une parcelle évoquant des marais, une forêt dorée plantée de bouleaux et une forêt vosgienne. Les collections d'Albert Kahn, et notamment ses **archives de la planète**★ (photographies et films) sont présentées dans un bâtiment conçu par l'architecte japonais Kengo Kuma.
10-14 r. du Port - albert-kahn.hauts-de-seine.fr

BY-THOMERY

Château de Rosa Bonheur★

Peintre animalier de grande renommée de son vivant, Rosa Bonheur (1822-1899) acheta le château de By en 1859 pour satisfaire son besoin d'espace (elle élevait des animaux) et de tranquillité. L'impératrice Eugénie vint en personne lui remettre la Légion d'honneur, première femme française à recevoir le statut d'officier. Autre adepte des animaux, Buffalo Bill lui offrit un de ses costumes, toujours exposé. On visite les lieux restaurés en 2018 : le bureau de l'artiste, son atelier (animaux empaillés, bois de cerfs, son dernier tableau inachevé) et la salle d'étude meublée. Remarquez le document officiel autorisant l'artiste à se « travestir » en homme.
12 r. Rosa-Bonheur - www.chateau-rosa-bonheur.fr

GREZ-SUR-LOING

Tacot des Lacs

Des passionnés de trains à vapeur font revivre la ligne de Grez-sur-Loing. De 1910 à 1965, elle assurait le transport du sable des carrières de Bourron au canal du Loing. Aujourd'hui, c'est une heure de balade dans un site campagnard à la vitesse vertigineuse de 10 km/h. Visite de la collection de locomotives et de wagons.
Rte des Chapelottes - www.tacotdeslacs.fr

MORET-SUR-LOING

Musée du Sucre d'orge des religieuses

Installé dans le moulin Provencher sur le pont médiéval, ce charmant musée donne toutes les explications possibles sur le sucre d'orge – son histoire, sa fabrication, ses secrets, d'anciennes photographies et sa commercialisation. Le sucre d'orge des religieuses, sans colorant, a toujours la même saveur, depuis trois siècles. Avancez sur le pont et visitez les moulins. Traversez le pont et prenez la première route à gauche, la route de St-Mammès, jusqu'au **parc Pré de pins**. Depuis l'autre rive, où se dessine un point de vue sur la collégiale et la ville, Alfred Sisley a peint la plupart de ses vues de **Moret**★.
Moulin-Provencher - www.msl-tourisme.fr

YERRES

Maison Caillebotte

La famille Caillebotte acheta en 1860 l'actuelle propriété, incluant un parc à l'anglaise de 11 ha, à proximité des berges de l'Yerres. Gustave Caillebotte (1848-1894) peignit ici environ 80 tableaux, jusqu'à la vente de la maison en 1879. À l'entrée du parc, la maison à colonnades, de style néoclassique, surnommée Le Casin italien, a retrouvé son élégante blancheur et abrite quelques pièces conservant le décor bourgeois de l'époque et des reproductions des tableaux de Caillebotte.
8 r. de Concy - www.maisoncaillebotte.fr

ITINÉRAIRE 03 - NORMANDIE

3 JOURS - 190 KM

FALAISE > CAEN > ARROMANCHES > PLAGES DU DÉBARQUEMENT > GÉFOSSE-FONTENAY > STE-MÈRE-ÉGLISE > CHERBOURG-EN-COTENTIN

Pour Caen quelle heure?

GUILLAUME LE CONQUÉRANT
Né à Falaise en 1027 (ou 28)
Âge : bientôt 1000 ans
Marié à Mathilde de France avec qui il vécut heureux et eut de nombreux enfants
Tempérament hyperactif
Duc de Normandie de naissance
Roi d'Angleterre par surprise
Principale victoire : Hastings en 1055
Fact-checking : consulter la tapisserie de Bayeux.

ALTERNATIVE

À 25 km au sud de Falaise, **la Renaissance** prépare le homard avec art et présente ses menus avec philosophie. *20 av. de la 2e-D.-Blindée - Argentan - www.arnaudviel.com - €€€€.*

À VOIR AUSSI

Dans le mille-feuille historique de la Normandie, le **Mémorial de Caen★★★** célèbre la paix à travers l'histoire de la guerre au 20e s. Un paradoxe servi par une belle scénographie. Espérons qu'elle porte ses fruits. *Espl. Gén.-Eisenhower - www.memorial-caen.fr*

À VOIR AUSSI

À propos de mille-feuille, à **Vieux**, on visite les vestiges d'une riche villa gallo-romaine et d'**Aregenua**, capitale des Viducasses. À la place de Goscinny, nous aurions fait passer Obélix chez un cousin viducasse. *Rte de Feugerolles - www.vieuxlaromaine.fr*

1re Étape

DÉPART DE FALAISE

On attaque la falaise d'emblée. Parce qu'il y a bien une falaise à **Falaise★**, un plateau schisteux formant un éperon au bord de l'Ante, où *homo sapiens* s'est installé assez tôt. Puis il s'est barricadé et un château s'est formé. Ne croyez pas que ce processus soit universel, mais là, il s'est produit. C'est à cet endroit que s'est discuté une sorte de brexit inversé puisque **Guillaume**, né en ces murs (ou presque) au 11e s., s'est mis en tête d'envahir l'Angleterre. Le **château★★**, après moult vicissitudes, a été restauré à la fin du 20e s. Instructif quant à l'histoire médiévale de la Normandie *(www.chateau-guillaume-leconquerant.fr)*. Dans un autre registre, Falaise abrite un **musée des Automates**, pour l'essentiel fabriqués par la maison Decamps au 20e s. afin d'attirer le chaland devant les devantures des grands magasins. Animés par la fée électricité, ils continuent de gesticuler derrière les vitrines reconstituées *(www.automates-avenue.fr)*. Quand vous aurez démêlé l'épineuse question de savoir quand part le car pour Caen, arrêtez-vous en route à la **brèche au Diable★**. Autre « éperon barré », cette fois-ci par les eaux du Laizon qui se sont frayé dans la roche un passage gracieux et puissant, lequel selon nous n'a rien à voir avec le diable et tout avec dame Nature. *Soumont-St-Quentin.*

DÉJEUNER À CAEN

Nous, on préfère déjeuner léger, d'une part de tarte au milieu des livres, par exemple, chez **Memoranda**, à l'étage de la librairie *(19 r. des Croisiers - @memoranda_caen - €)*. Aux gros appétits, nous conseillons la côte de bœuf de la brasserie **L'Hydropathe** où tout est frais, même les plats végé. Bonne ambiance. *4 r. St-Laurent - www.l-hydropathe.com - €.*

Vous l'aurez compris, on n'est pas très fan de la guerre, voire on se demande vraiment pourquoi il y en a toujours un pour aller envahir son voisin, installé bien au chaud pendant que les autres vont se faire massacrer. Bon, mais revenons à notre **D-Day Wings Museum**. C'est un hangar aéronautique historique et on n'a pas souvent l'occasion de pénétrer dans ces endroits. Il a abrité les stukas allemands avant la bataille d'Angleterre et abrite aujourd'hui une collection d'avions et de pièces aéronautiques. À voir si vous vous intéressez à la mécanique et à l'histoire. *485 r. Jules-Védrines - bâtiment 17, hall 1 - Bretteville-sur-Odon - www.ddaywingsmuseum.com*

DÎNER ET NUIT À CAEN

Ce soir, on dîne au **Simplexité**, ou comment simplifier la complexité : en servant une cuisine gastronomique sous l'apparente évidence d'une assiette délicieuse.
102 r. St-Martin - www.restaurant-simplexite.com - €€/€€€.
Simplicité aussi au **Clos St-Martin**, mâtinée de grand style. Les chambres de cet hôtel particulier ont conservé l'élégance de leurs murs anciens. Couleurs choisies, matériaux de qualité et dépouillement. Une simplicité efficace. *18 bis pl. St-Martin - clossaintmartin.com - €€€.*

2e Étape

DÉPART DE CAEN

Et nous retrouvons Guillaume. Le Conquérant cette fois. Depuis hier, il a donc conquis l'Angleterre, édifié un château et fondé deux abbayes à **Caen★★★**, laquelle, entraînée par l'élan ducal, prend des allures de ville. Justement, la chambre d'hôtes est à deux pas de l'**abbaye aux Hommes★★** dont vous apprécierez la beauté romane de l'**abbatiale★★★**, à comparer avec le chevet Renaissance de l'**église St-Pierre★**. Terminez la matinée à **Ouistreham**, et plus particulièrement en haut de son **phare** (170 marches), d'où vous observerez la flèche sablonneuse qui forme la **pointe du Siège**. Nous, on a eu envie de voir de près cet endroit, qui barre l'estuaire de l'Orne, comme pour préparer le fleuve au plongeon dans le grand bain salé. Un sentier se faufile dans cette excroissance sauvage, particulièrement fleurie au printemps, quand les oiseaux sont amoureux et le chantent haut et fort. Les pieds dans l'Orne, regardez la mer : à droite, du côté de chez Proust, à gauche du côté de chez Oncle Sam. On prend à gauche.

DÉJEUNER À ARROMANCHES

Un *fish and chips* dans la rue principale d'Arromanches avant d'attaquer les plages du débarquement. C'est chez **Fish &Co by Pappagall**, qui reste sympathique en dépit de la forte affluence certains jours.
2 r. Col.-René-Michel - www.hoteldarromanches.fr - €.

Arromanches★, c'est l'étape incontournable si vous vous intéressez à l'histoire du Débarquement. C'est aussi une agréable station balnéaire encaissée entre deux falaises, pour ceux qui veulent juste profiter de la plage. À propos de plage, celle d'**Omaha Beach★★** n'a pas toujours montré le visage paisible, immense et vigoureux qu'il présente aux promeneurs du 21e s. Sur ce théâtre du débarquement, en juin 1944, des indices prouvent que le site a traversé des heures plus sombres, voire apocalyptiques. Un des principaux signes du carnage se trouve au cimetière américain, le **Normandy American Cemetery★★★**, de Colleville-sur-Mer, où sur un tapis de gazon vert, soigneusement tondu, des milliers de croix blanches rappellent toutes les vies emportées. Hommage poignant. *www.abmc.gov*

DÎNER ET NUIT PRÈS DES PLAGES DU DÉBARQUEMENT

Allons oublier les vicissitudes d'*homo sapiens* devant une sole de chalut, une douzaine d'huîtres ou un plateau de fruits de mer à **la Trinquette** sur le port de Grandcamp-Maisy. Ultra-frais, ultra-bon, surtout avec un petit Chablis.
7 r. du Joncal - www.restaurant-la-trinquette.com - €€.
Dormez au **manoir de l'Hermerel**, une ferme fortifiée entourée de ses pâturages. Elle conserve sa chapelle du 15e s. et son colombier. Choisissez la chambre rose, la plus authentique. *Géfosse-Fontenay - manoir-hermerel.com - €€.*

À VOIR AUSSI

Au **musée des Beaux-Arts★★**, notre tableau préféré est *La Samaritaine* de Philippe de Champaigne. Le plus joli jeu de mains du 17e s.
Le Château - mba.caen.fr

LA SUISSE NORMANDE
Au sud de Caen, on culmine à 300 m. Pas de quoi en faire un fromage, mais de quoi prendre un nom alpin. Entre d'abruptes et pittoresques barres rocheuses, les versants boisés de ce joli pays sertissent les méandres de l'Orne. Revigorantes balades en perspective.

À VOIR AUSSI

L'itinéraire cyclable **Vélomaritime** relie la Manche à la mer du Nord le long des plages du Débarquement. Le tronçon entre Arromanches et Port-en-Bessin offre des vues exceptionnelles.

GUILLAUME LE CONQUÉRANT

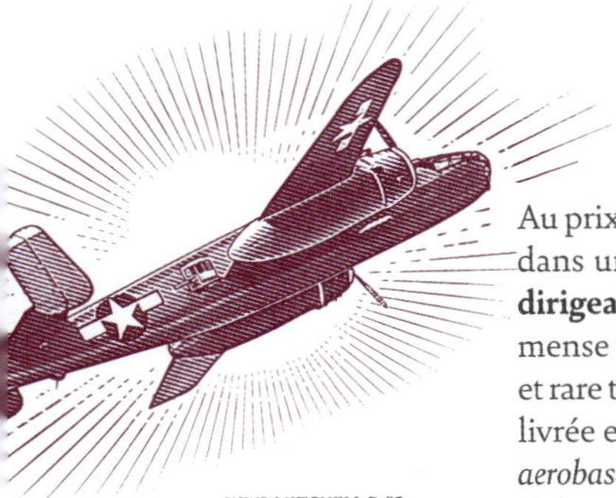

WW2 MITCHELL B-25

3e Étape

DÉPART DE GÉFOSSE-FONTENAY

Au prix d'un léger saut temporel en arrière, c'est à nouveau dans un hangar que nous vous emmenons, le **Hangar à dirigeables d'Écausseville**, posé en rase campagne, immense vaisseau de béton (150 m de long et 28 m de haut) et rare témoignage des infrastructures de la guerre aérienne livrée en 1914-1918 *(La Bergerie de Veaux - La Lande - www.aerobase.fr)*. On poursuit par un parachutage. Nous, l'idée de la porte qui s'ouvre dans le vide dans un vacarme d'ouragan nous fait un peu frémir. Vous nous direz que ce n'est pas notre métier. À **Ste-Mère-Église★**, l'**Airborne Museum★★** nous offre l'opportunité de sauter sans sauter en nous introduisant dans un C-47 en Angleterre, aux côtés des parachutistes de la 82e Division aéroportée, en 1944. Bruits et souffles d'air accompagnent le parachutage, puis la bataille de Ste-Mère-Église, celle de La Fière du 6 au 9 juin, et enfin le combat des Haies lors de la progression des Alliés dans le bocage, en direction de Cherbourg. Avouons que nous avons été captivés. *14 r. Eisenhower - www.airborne-museum.org.*

DÉJEUNER À STE-MÈRE-ÉGLISE

Espérons qu'il fasse beau quand vous sortirez du hangar, car la terrasse des **Écuries** est un spot pour se reposer après le parachutisme. Au pire, la salle de ce joli relais de poste est très accueillante aussi. *29 r. du Gén.-de-Gaulle - f - €/€€.*

Après l'air et le feu : l'eau. En route vers **Cherbourg★** et sa **Cité de la mer★★**. Déjà, elle est logée dans l'immense gare transatlantique maritime (1933) qui vaut à elle seule le détour. Et puis après avoir parcouru les airs ce matin, vous descendrez dans les abysses marines en suivant un parcours pédagogique particulièrement éclairant sur le devenir de nos océans. Vous pouvez reprendre une dose de guerre en visitant la section consacrée à l'opération Overlord (1944). Et si la vie en communauté vous tente, visitez le sous-marin **Redoutable★**, tel est son nom *(Gare Maritime Transatlantique - www.citedelamer.com)*. Comme à Cherbourg, il n'y a pas que des parapluies, il y a aussi une digue, tellement importante qu'elle ferme la plus vaste rade artificielle d'Europe, nous ne saurions trop vous conseiller de la visiter en bateau. *Hague à part - pont Tournant - hagueapart.com*

DÎNER ET NUIT À CHERBOURG-EN-COTENTIN

À l'entrée du bassin du Commerce, le pont-tournant s'ouvre jusqu'à quatre fois par jour. Dînez sur le pont, ou presque, derrière les grandes baies vitrées du **Pily** ✿ d'où l'on peut observer le port tout en dégustant le meilleur poisson de l'année.
1 r. du Pont-tournant - www.restaurant-le-pily.com - €€€€.
À deux pas, le **Mercure**, très confortable, offre lui aussi une vue imprenable sur le port, la hauteur en plus.
13 quai de l'Entrepôt - www.mercure.com - €€€/€€€€.

À VOIR AUSSI

To do list : regarder *Les Parapluies de Cherbourg*. Un **circuit Jacques-Demy** en dix étapes fait écho au tournage du film en 1963. Allez chercher le livret à l'office de tourisme de Cherbourg. *14 quai Alexandre-III - www.encotentin.fr*

ADRESSE

Brunch dimanche, avec huîtres et bulots du cru, au **Comptoir des Halles**, une grande boutique de produits locaux où l'on peut aussi s'attabler pour déjeuner. *13 r. des Halles - lecomptoirdeshalles.cherbourg - €.*

ALTERNATIVE

Sur la terrasse de ce sympathique **Antidote** à la morosité, ou dans une salle à manger aux murs lambrissés, goûtez en priorité au croustillant de rouget au basilic et au crumble citron-rhubarbe spéculoos. *41 r. au Blé - www.restaurant-cherbourg.fr - €€.*

Et si on allait voir plus loin

Notre sélection de sites, adresses, expériences insolites en dehors de l'itinéraire

EU

Jardin Jungle Karlostachys★

Comme Mowgli, partez dans la jungle découvrir les plantes exotiques rares, voire géantes, peuplée d'une faune qui participe à l'équilibre écologique de ce conservatoire exubérant. *Rte de Beaumont - www.jardinjungle.com*

HONFLEUR

Naturospace★

Sous une serre tropicale de 1 000 m², une soixantaine d'espèces de papillons de tous les continents évoluent en toute liberté. Entouré du bruissement de leurs ailes, le visiteur pénètre dans un environnement tropical (28° C) décoré de plantes exotiques. Un vrai paradis ! *Bd Charles-V - www.naturospace.com*

LE HAVRE

Espace Oscar-Niemeyer★

En 1982, la maison de la culture s'installe dans l'espace conçu par l'architecte Oscar Niemeyer, le père de la ville de Brasilia. Composé de deux volumes coniques courbes, blancs, en béton, accessibles par un jeu de rampes, il abrite la **Scène nationale du Havre** (Le Volcan), une **médiathèque**, moderne et confortable, et **la Colombe-Niemeyer**, bar-restaurant dont la terrasse occupe le parvis aux beaux jours. *www.levolcan.com* et *www.lacolombe-niemeyer.fr*

Narrow House

Cette incroyable « Maison étroite » est l'œuvre de l'artiste autrichien Erwin Wurm, qui a matérialisé avec humour les sentiments de compression et le désir d'évasion éprouvés à l'adolescence. La visite de l'intérieur, avec le long couloir qui ouvre sur des pièces et des objets tous plus étroits les uns que les autres, prête à rire mais révèle également une prouesse architecturale et artistique. *Square Érignac*

LE NEUBOURG

Musée de l'Écorché d'anatomie

Au début du 19e s., le docteur Auzoux, enfant du pays, invente pour les étudiants en médecine un modèle d'anatomie démontable à volonté. Le musée en présente les procédés de fabrication. Sont également exposés des écorchés d'animaux et de végétaux. *54 av. de la Libération - www.musee-anatomie.fr*

ROUEN

Musée Le Secq des Tournelles★★

L'église St-Laurent sert d'écrin à une partie de la plus importante collection publique de ferronnerie au monde (6 000 objets). Elle trouve son origine dans la passion du peintre et photographe Henri Le Secq (1818-1882) pour les arts du fer ; sa collection, commencée en 1862, est poursuivie par son fils qui la léguera à la ville de Rouen. *R. Jacques-Villon - www.museelesecqdestournelles.fr*

ST-SULPICE-SUR-RISLE

Manufacture Bohin★

L'unique usine d'aiguilles et d'épingles de France propose au public de venir assister aux 27 étapes de fabrication : le jeudi et vendredi, on peut voir les ouvriers en pleine activité sur leurs machines. Espace muséographique. *1 Le Bourg - www.bohin.com*

VENDEUVRE

Musée du Mobilier miniature★★

Les belles salles voûtées de l'orangerie du **château de Vendeuvre★★** servent de cadre à une exceptionnelle collection de meubles et objets miniatures, constituée par l'actuelle comtesse de Vendeuvre. Ces modèles, maquettes ou chefs-d'œuvre de maîtrise, regroupant plus de 700 pièces, composent un panorama des arts décoratifs du 16e s. aux années 1930, à échelle réduite. *9 r. du Château - www.vendeuvre.com*

Jardins d'eau à surprises★

Dissimulés parmi des arbres et des constructions de fantaisie (pont chinois, fontaine des muses, arbre de cristal, temple de la sérénité et cascade des tortues) des jets d'eau, ressuscitant l'espièglerie du 18e s., surprennent le visiteur au **château de Vendeuvre★★**. Au-delà même du côté ludique, la promenade dans ce beau jardin est des plus agréables, et rafraîchissante par temps chaud.

ITINÉRAIRE 4 - BRETAGNE

4 JOURS - 430 KM

QUIMPER > ST-RIVOAL > HUELGOAT > PONTIVY > CARNAC > VANNES > PIRÉ-CHANCÉ > VITRÉ

Des sorcières entre les pierres debout

Ne voyagez pas comme une valise, apprenez les langues. Les **MENEZ** sont les sommets de grès ou de granit transformés par l'érosion en croupes arrondies. Les **ROCS** ou **ROC'HS** sont les crêtes en quartzite, découpées en dents de scie.

À VOIR AUSSI

Le **roc'h Trevezel**★★ (384 m), en saillie sur une crête, s'atteint par un sentier (30mn AR) qui traverse une petite lande. Dans un paysage de montagne, le **panorama**★★ est immense, jusqu'à la baie de Lannion à l'est et la rade de Brest de l'autre côté.

ALTERNATIVE

Réservez au **Youdig** (maintenant que vous savez ce que c'est) pour goûter au *kig ha farz*, le pot-au-feu breton *(€€)*. Vous pourrez même dormir sur place dans l'une des jolies maisons de pierre à deux pas du Yeun Elez. Il a beau être terrible, il est hypercalme. Ceci expliquant peut-être celà. En été, soirées contes et danses bretonnes. Idéal pour les explorations à pied. *Kerveguenet - Brennilis - youdig.fr - €.*

1re Étape

DÉPART DE QUIMPER

Sans tomber dans le folklore pour Américains, la traversée des **monts d'Arrée**★★ réveille un univers de légendes. Pas étonnant qu'elles soient nées des reliefs arides, couverts de landes et souvent perdus dans la brume de la plus haute montagne de Bretagne. Avant d'affronter les elfes, à **Pleyben**★★, c'est plutôt Jésus qui va vous épater. Dans l'enclos paroissial, le **calvaire monumental**★★ ordonne ses trente scènes dans le granit austère. On y voit un léviathan, gueule grande ouverte, qui a du mal à digérer les damnés. Il faut dire que certains sont coriaces. Passez par **Rumengol**, la première église aurait été construite par le roi Gradlon au 5e s. Il était un peu traumatisé après l'engloutissement inopiné de sa ville, la légendaire Ys.
À vos serpes, on traverse les futaies de hêtres et de chênes de la **forêt du Cranou**★, follement druidique, et on arrive à **St-Rivoal**, perché à 170 m dans un écrin de verdure.

DÉJEUNER À ST-RIVOAL

À l'**auberge du Menez**, le taco de cochon sur sa purée de coco de Paimpol n'est pas coriace du tout. Au contraire. Seule la carte des vins, avec 200 références, sort du territoire, tout le reste vient de chez l'un des cinquante producteurs qui accompagnent la maison. *Le Bourg* - f - €.

Profitez-en pour visiter l'**Écomusée des monts d'Arrée** *(www.ecomusee-monts-arree.fr)* et dirigez-vous vers la **montagne St-Michel**★. Ah !? Le panorama au sommet (380 m) sur les monts d'Arrée et les Montagnes Noires devient intéressant. Au pied de la montagne, vous retrouverez le léviathan puisque la légende situe le *youdig* (les portes de l'enfer, en breton) au beau milieu du **Yeun Elez**. À ses heures, ce vaste marais tourbeux s'enveloppe d'une brume hivernale qu'on croirait directement crachée par Belzébuth.

DÎNER ET NUIT À HUELGOAT

Dînez simplement *(€€)* et dormez chez **Mirabelle**, dans l'une des chambres d'hôte au bord du lac de **Huelgoat**★★. Si la Bretagne veut bien mentir un peu, il fera beau et vous prendrez vos repas dans le jardin. *24 r. du Gén.-de-Gaulle* - €.

2e Étape

MATINÉE À HUELGOAT

Passez la matinée dans l'un des plus beaux coins de l'Argoat. Les balades sont proprement féeriques autour du lac, à la rencontre des eaux vives et des chaos de rochers qui s'ajustent depuis des millénaires pour donner naissance à des légendes tenaces. Vous risquez de tomber sur le légendaire lit du **roi Arthur**, creusé dans la pierre, ou dans la **mare aux Fées.**

DÉJEUNER À HUELGOAT

Le plus simple est d'être parti avec un pique-nique pour tenir compagnie au roi Arthur. Sinon, à 600 m du bourg, **l'Aristide** est devenu en quelques années *the place to be* (à Huelgoat). Il a à nouveau changé de mains en 2024 mais devrait maintenir le cap sur les assiettes colorées et généreuses qu'on lui connaissait, avec un brin d'exotisme supplémentaire. La terrasse dans la campagne, elle, ne s'envolera pas. *Lieu-dit Le Menez Bras* - *€.*

Gageons qu'il est plus aisé, moins mystérieux et plus énergivore de convoyer un bloc de granit aujourd'hui qu'à l'époque néolithique. Néanmoins, de la motte médiévale qui domine la **vallée des Saints★★**, on embrasse un panorama plutôt insolite, surtout au lever du jour lorsque la brume s'élève de la vallée. Corentin, Gildas, Brieuc, une armée de saints géants taillés dans la pierre renoue avec les alignements mégalithiques en mode 21e s. Pour l'heure, ils sont 180 mais ils devraient être mille un jour. On ne savait pas qu'il y avait autant de saints en Bretagne. *Carnoët - www.lavalleedessaints.com*

DÎNER ET NUIT À PONTIVY

Vous ne dînerez pas à proprement parler dans le vieux Pontivy, mais la salle à manger aménagée dans un garage à pneus à la manière d'un loft vaut le coup d'œil. **Hyacinthe et Robert**, ce sont les noms des deux grands-pères de Damien Le Quillec, qui cisèle avec talent des assiettes ambitieuses et bien dans l'air du temps (*100 r. Nationale - hyacinthe-et-robert.fr - €€€*). Au **Numéro 100** attenant, il a ouvert un bistrot de copains pour avaler un poisson du jour ou une entrecôte gratin dauphinois.
numero100-pontivy.fr - €/€€.
Vous n'aurez pas loin à aller. **Le Rohan** donne sur la même *straed* (c'est fou comme le breton ressemble à l'allemand alors qu'il n'a rien à voir, nous a dit une Bretonne) ou sur un square arboré. La maison est jolie et, passé le choc de l'escalier hélicoïdal métallique au milieu du hall, vous accueille dans des chambres confortables.
90 r. Nationale - www.lerohan-pontivy.com - €/€€.

3e Étape

DÉPART DE PONTIVY

Évidemment, ils n'y avaient pas pensé. Ceux qui ont construit le **cairn de Gavrinis★★**. Ils n'avaient pas pensé que la mer monterait de 120 m entre -15 000 et aujourd'hui. Mais vous, vous êtes prévenu, on n'y va plus à pied comme à l'époque des chaussures en peau de renne. Donc, pensez à réserver une place de bateau pour ne pas rater ce petit bijou de l'art pariétal. De loin notre préféré : les pierres gravées ont l'air d'avoir été tatouées dans une peau de pierre, le dolmen est mystérieux, et le site est en hauteur sur le **golfe du Morbihan★★★**. Tout pour plaire. *cairndegavrinis.com*

À VOIR AUSSI

Les chapelles perdues c'est un peu notre marotte. Celle de **St-Gildas** se trouve posée par hasard dans la forêt au bord du Blavet. Toute petite, écrasée sous son rocher qui la retient, on se dit qu'elle nous attend. Et en plus, elle conserve une pierre sonnante, pour vous appeler au cas où vous seriez passé à côté.
À 15 km au sud de Pontivy.

UNE PIERRE SONNANTE, QUÉSACO ?

Une grosse pierre qui émet un son de cloche quand on la frappe avec une autre pierre. On peut dire que c'est un **idiophone**, qui n'est pas ce que vous pensez mais un instrument de percussion dont le son est produit avec son propre matériau. Comme les castagnettes en plus breton.

À VOIR AUSSI

Les **alignements de Carnac★★** valent le coup à deux conditions : y aller entre octobre et mars pour pouvoir déambuler entre les mégalithes (et pas à l'extérieur d'un parc grillagé comme en été), et arriver à l'ouverture pour être tout seul. Je ne veux que les mégalithes et moi !

Avez-vous remarqué que mer et cheval vont souvent ensemble? Poséidon, Morvarc'h, le Mont-St-Michel, et ici, le **courant de la Jument**, le plus puissant du golfe.

ALTERNATIVE

Une crêpe **Chez Marie**, c'est une valeur sûre dans le bourg de Carnac. La preuve, mieux vaut réserver. *3 pl. de l'Église - www.creperie-chez-marie.com - €.*

ADRESSE

Suprise pour votre amoureux ou -reuse, vous l'emmenez à l'**île aux Moines★** en fin d'après-midi. Déjà, on est heureux d'arriver quand l'île se vide des touristes, ensuite la grande plage est au soleil en été jusqu'à pas d'heure, et enfin le **San Francisco** fait un sans faute, de l'accueil (deux sœurs) jusqu'aux chambres sobres en passant par la table locale et fine. Un défaut : il aurait pu s'appeler Sant Fañch tout de même. *Le Port - lesanfrancisco.com - €€.*

ALTERNATIVE

Difficile de quitter l'Armor non ? Offrez-vous un déjeuner d'iode avant de rejoindre Merlin. Devant son chantier, dominant l'anse du Paluden, **Yvonnick Jégat** a installé une terrasse où on savoure sa douzaine d'**huîtres naturelles** en regardant les vagues. *18 allée de la Pointe - Arradon -* f.

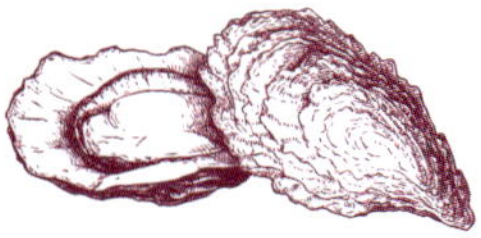

À VOIR AUSSI

Au **château de Suscinio★★**, vous constaterez que les ducs de Bretagne savaient choisir leur résidence secondaire. *www.suscinio.fr*

DÉJEUNER À CARNAC

Alignements ou pas, allez à **Carnac★★**. D'abord parce qu'il y a une longue plage, et ensuite parce qu'on peut commander un mi-cuit de langoustines au kari-gosse chez **Côté Cuisine**, entre bourg et plage et, si météorologiquement possible, sur la terrasse. Difficile de retourner aux coquillettes jambon après un tel régal. *36 av. Zacharie-Le-Rouzic - www.lannroz.fr - €€€.*

Maintenant que vous connaissez notre marotte, on ne saurait trop vous recommander de passer par la chapelle de **St-Philibert**, posée au bord de l'eau. À l'intérieur, sous un ciel étoilé, les ex-votos rendent jaloux les accros du bateau en modèle réduit. Vous continuerez jusqu'à la presqu'île de **Locmariaquer★★** qui ferme le golfe du Morbihan à l'ouest, face à Port-Navalo. À cet endroit, un étroit goulet d'un kilomètre à peine laisse passer des masses d'eau entre la grande mer *(mor-braz)* et la petite mer *(mor-bihan)*. Nous n'avons pas le pied marin mais nous supposons qu'il vaut mieux connaître le sens du courant sur votre kayac lorsque vous aborderez le goulet. Prudent, vous pouvez explorer les lieux à pied, par un sentier qui slalome entre les **mégalithes★★**, ou par celui qui vous conduit jusqu'à la **pointe de Kerpenhir★**. Après ces goulées d'air frais, rejoignez **Vannes★★**, tellement protégée derrière ses **remparts★★** qu'on n'est plus tout à fait sur l'eau.

DÎNER ET NUIT À VANNES

Dînez à l'**Empreinte**, sur une petite place du centre-ville, où vous retrouverez les poissons de la pêche côtière et les légumes de producteurs locaux parfaitement préparés. On a adoré le bio et la déco.
15 pl. Valencia - empreinte-restaurant.fr - €€.
Vous pouvez choisir une chambre pimpante à l'**hôtel de France** où vous serez très bien reçu *(57 av. Victor-Hugo - www.hotelfrance-vannes.com - €/€€)*, mais nous vous conseillons de rouler 15mn en voiture jusqu'au **domaine Le Mezo**. Vous dormirez en pleine nature, dans un site exceptionnel où vous trouverez également une table de choix.
Château du Mezo - Ploeren - domainelemezo.fr- €€€€.

4e Étape

DÉPART DE VANNES

On repart vers l'Argoat et la **forêt de Brocéliande★**, royaume de Merlin (l'enchanteur, pas le roi) et de sa copine Viviane, la fée. Alors, on ne va pas vous dire où se trouve le rocher où Arthur a décoincé Excalibur (son épée), ce serait trop facile. On laisse au centre arthurien du **château de Comper** *(www.broceliande-centre-arthurien.com)* et à la **porte des Secrets** *(tourisme-broceliande.bzh)* le soin de vous expliquer tout ça. Cette dernière est logée au bord d'un étang, dans l'**abbaye de Paimpont**, une merveille de sérénité en dépit de son nom à girophare. En revanche, la forêt, chargée ou non de ses légendes est envoûtante, comme beaucoup de forêts, pour peu qu'on se laisse bercer par son parfum. Gardez juste un œil sur la carte, elle fait tout de même 11 000 ha.

DÉJEUNER À PIRÉ-CHANCÉ

La Bretagne s'y connaît en efficacité. Elle a des enchanteurs et des capitaines d'industrie. Parmi eux, Jean-Paul Legendre et son fils Julien ont transformé le **château des Pères** en un centre d'art et de tourisme, au milieu d'un parc de 30 ha ouvert au public. L'hôtel, l'Essenciel, est logé dans une pyramide de nids futuristes qui font les malins à bonne distance de la façade 18e du château, tandis que **la Table des Pères**, restaurant ovni au toit végétalisé, s'est posée au cœur d'un potager. C'est ici que vous goûterez aux herbes et aux fleurs du jardin. *www.chateaudesperes.fr - €€€€.*

Vous aurez peut-être choisi de pique-niquer sous la canopée de Brocéliande. Quoi qu'il en soit, continuez la route vers Vitré. À **la Roche-aux-Fées★**, un des plus beaux monuments mégalithiques de Bretagne, on est assez épaté par la succession de pierres levées qui nous tournent le dos et conspirent comme des vieux moines. Cette tombe à couloir (dolmen pour faire simple) compte 42 pierres, dont une demi-douzaine de 40 à 45 t chacune, déplacées pour certaines sur près de 4 km. Un coup de la fée Viviane? Bien défendue par une armée de ronds-points, la cité médiévale de **Vitré★★** apparaît enfin. En arrivant par le sud, vous ratez son meilleur profil. Vous vous rattraperez le matin.

DÎNER ET NUIT À VITRÉ

Ce soir on dîne **Entre nous** dans une rue pavée de la **vieille ville★**. Maison du 16e s., grande cheminée, poutres apparentes et terrasse aux beaux jours. Le velouté de courgette, poivron et chorizo est parfait, ni fade ni assommé par le poivron. C'est la meilleure adresse de Vitré, que vous pouvez d'ailleurs garder pour le déjeuner le lendemain, car le menu est à 22 €. *20 r. d'en Bas - restaurant-entre-nous.fr - €€€.* Restez dans le thème et réservez une des petites chambres des **suites de la Tour d'Embas**, à 2mn du restaurant. Beaucoup de charme, et bravo pour la restauration de la maison médiévale. *31 r. d'en Bas - www.latourdembas.fr - €€.*

À VOIR AUSSI

Vous passez pas loin de **Rennes★★**, ville à voir ne serait-ce que pour le *Nouveau-né* de Georges de La Tour au musée des Beaux-Arts★★. Tout le monde connaît ce bébé endormi et confiant, juste éclairé par la flamme d'une bougie, entre deux femmes qui savent que la vie n'est pas un long fleuve tranquille. Tout le monde le connaît, alors qu'il y a cent ans à peine, on ne savait pas qui était La Tour.

À VOIR AUSSI

Pendant que vous y êtes. À 1/2h de Vitré, **Fougères★★** présente la caractéristique d'être une forteresse imprenable (une des plus grandes d'Europe) très souvent prise. Sans doute pour ça qu'elle est si bien conservée.

ALTERNATIVE

Une courte carte (toujours bon signe) vous attend au comptoir, en terrasse ou en salle chez **Copains comme Cochons**, un troquet à l'ambiance vintage comme on les aime. *26 r. Neuve - - €.*

LES GROSSES PIERRES

Dans la famille des **mégalithes**, on connaît les menhirs, les dolmens, les cairns, les alignements, etc. On s'accorde à penser aujourd'hui que les pierres dressées avaient un rôle symbolique, voire cultuel, tandis que les dolmens et les tumulus remplissaient des fonctions liées au culte des morts. Les **architectures funéraires** sont apparues au néolithique ancien (v. 5 000 av. J.-C.). Au cours du néolithique moyen (v. 4 000 av. J.-C.), les chambres funéraires se sont allongées et ont progressivement changé de type architectural tout en se dotant d'un riche art pariétal. À la fin du néolithique, elles évoluèrent en allées couvertes, parallèlement à l'apparition de sépultures à entrée latérale. Lexique.

Menhir : pierre dressée, dite aussi monolithe. Les menhirs peuvent être disposés en groupe, de façon rectiligne (**alignements**) ou en enceinte (**cromlech**).

Dolmen : vestige d'une chambre funéraire, à l'origine recouverte d'un tumulus.

Allée couverte : monument dont la chambre funéraire et le couloir d'accès se confondent

Tumulus : amoncellement recouvrant une ou plusieurs sépultures. Un **cairn** est un tumulus formé avec des pierres.

Et si on allait voir plus loin

Notre sélection de sites, adresses, expériences insolites en dehors de l'itinéraire

BAUD

Vénus de Quinipily et ses jardins

Passé un portail en bois, une allée monte vers la Vénus, placée au-dessus d'une fontaine, dans un parc proche des vestiges restaurés du château de Quinipily. La statue, haute de 2,20 m, a des origines mal définies : pour certains, c'est une idole romaine, pour d'autres, une Isis égyptienne. Entourée d'un culte presque païen, elle fut plusieurs fois jetée dans les eaux du Blavet sur ordre des autorités religieuses. En 1696, le comte de Lannion l'installa à son emplacement actuel.

À Coët-Vin, à 2 km au sud-ouest de Baud, tournez à gauche et, 500 m plus loin, laissez la voiture sur un petit parking à droite.

CESSON-SÉVIGNÉ

Musée des Transmissions

Ce musée est une mine de renseignements sur les systèmes d'information et de communication... mais aussi pour les techniques d'espionnage ! On y découvre l'histoire des transmissions civiles et militaires, des premiers signaux de fumée jusqu'aux satellites et, grâce à des maquettes interactives, on pénètre dans l'univers de la télématique, du GPS ou de la télévision terrestre numérique.

6 av. de la Boulais.

ÎLE D'HOUAT

Éclosarium

Écloserie de homards autrefois, le site est aujourd'hui un centre de recherche et de production de phytoplancton pour les laboratoires de biologie marine Yves Rocher. La production fait aussi place à la pédagogie : un espace muséographique de 250 m² présente une exposition sur l'histoire de l'île et sur le monde microscopique marin. On y découvre l'importance du phytoplancton, à la base de toute vie marine et « poumon bleu » de la planète (il produit 80 % de l'oxygène terrestre).

Rte de l'Écloserie.

KERNASCLÉDEN

Église Notre-Dame★★

Ce coin reculé de l'Argoat mérite un détour. Une jolie petite ville médiévale, dont la spécialité, l'andouille, fait courir les gourmets, la vallée du Scorff et la forêt de Pont-Calleck pour les amateurs de nature, et puis Kernascléden, dont l'église abrite des **fresques★★** représentant des épisodes de la vie de la Vierge et du Christ. Dans le croisillon droit subsistent des fragments d'une danse macabre et d'une représentation de l'enfer (face à l'autel), œuvre originale par la variété des supplices imaginés et unique dans le Morbihan pour l'association de ces deux thèmes.

9 r. des Rohan.

LE CHÂTELLIER

Parc botanique de Haute-Bretagne★

Le **château de La Foltière** a été aménagé en parc botanique (25 ha) de 24 jardins aux noms évocateurs (cité de Knossos, vallée des Rois, vallon des Poètes, jardin des Mille et Une Nuits, antre des plantes carnivores, etc.) qui, au gré des saisons, sont une palette inépuisable de couleurs et de parfums. Le long d'un parcours fléché de 2 km, le promeneur déambule dans un labyrinthe de camélias, un bosquet de bambous, traverse un jardin d'eau islamique et un pont japonais. Libre à chacun de choisir sa voie dans ce jardin-monde. Aucun produit chimique n'est utilisé ; la grande diversité végétale du parc ayant permis de créer un équilibre qui se protège de lui-même des insectes ravageurs. Avec des enfants, ne manquez pas le pont suspendu.

Château de La Foltière - www.jardinbretagne.com

LIZIO

L'Univers du poète ferrailleur

Surprenant, amusant, dépaysant... Entrez dans le monde fantastique de Robert Coudray, un inventeur à l'imagination débridée qui donne de la vie, du mouvement, à plus de 80 curieuses sculptures-automates : avion à pédales, vélo aérien, poupée volante. Admirez sa « cathédrale », en cours de construction depuis quelques années, composée de 22 tours hétéroclites. Restaurant sur place.

La Ville-Stéphant - www.poeteferrailleur.com

MENEZ-MEUR

Domaine de Menez-Meur

Le domaine de Menez-Meur, la « grande montagne », s'étend sur 420 ha dans l'une des régions les plus élevées des monts d'Arrée (320 m). Plusieurs sentiers : découverte (3 km-1h30), forestier (2 km-1h), des landes (2 km-1h) et paysages (8 km-3h) serpentent parmi les vastes enclos où vivent des espèces sauvages (loups, sangliers, daims, cerfs, aurochs, etc.) et des animaux domestiques appartenant à des races menacées de disparition (vaches pie noir ou nantaises, petits moutons d'Ouessant, porcs blancs de l'Ouest et autres). Dans la ferme pédagogique, on approche de près les animaux domestiques.

menez-meur.pnr-armorique.fr

MÛR-DE-BRETAGNE

Lac de Guerlédan★★

Ce lac artificiel, formé par le barrage de Guerlédan sur le Blavet, est l'un des plus beaux sites de l'Argoat. Ses rives sinueuses et boisées revêtent parfois des allures mystérieuses, offrant aux nombreuses randonnées autour du plan d'eau une atmosphère étonnante. On y pêche sandre, brochet, perche et gardon, on y fait de la voile et l'on s'enfonce dans la forêt de Quénécan ou dans les **gorges du Daoulas**★ toutes proches. *www.lacdeguerledan.com*

QUISTINIC

Poul-Fetan★

Dominant la vallée du Blavet, un hameau authentique a été restauré dans les années 1970. On y retrouve l'atmosphère d'un village breton dans les années 1850 : un ensemble de chaumières, la maison du Minour c'est-à-dire « du chef », le fournil, un écomusée et l'auberge (possibilité de prendre un repas typiquement breton). En été, des animations redonnent vie au village : les lavandières font « la buée », le boulanger s'active au fournil, on tourne la bouillie de millet, la fermière baratte son beurre. Parmi les animaux, remarquez une vache bretonne typique, de petite taille : la pie noir. *www.poul-fetan.bzh*

RENNES

Écomusée de La Bintinais★

Située aux confins de la ville et de la campagne, la ferme de la Bintinais fut longtemps l'une des exploitations les plus grandes et les plus modernes du pays de **Rennes**★★. À travers son histoire richement documentée, on découvre l'évolution du monde rural depuis le 16e s. Les techniques anciennes de construction sont également abordées. Un parcours à travers le domaine de 19 ha permet de s'intéresser au jardin, au rucher et aux vergers, ainsi qu'aux parcelles cultivées montrant l'évolution des pratiques agricoles. Au conservatoire végétal s'est ajouté un cheptel de races de ferme rustiques en voie de disparition. *Rte de Châtillon-sur-Seiche - www.ecomusee-rennes-metropole.fr*

ROCHEFORT-EN-TERRE

Naia Museum

Bâti sur un promontoire dominant la vallée du Gueuzon, **Rochefort-en-Terre**★ occupe un site magnifique. Le paysage se compose au fil des rochers, des bois, des ravins, des vergers et des vieilles maisons aux fenêtres fleuries de géraniums. Un couple d'artistes a ouvert le Naia Museum qui présente une collection de plus de 200 œuvres d'art sur le thème de « L'art dans l'imaginaire fantastique ». Il vous sera difficile de ne pas céder au charme paisible de cet endroit typique de l'Argoat ! *14 r. du Château - www.naiamuseum.com*

LES ROCHERS-SÉVIGNÉ

Château des Rochers-Sévigné

Joliment rénovée, l'orangerie abrite un musée dédié à l'incroyable vie de Marie de Rabutin-Chantal, marquise de Sévigné (1626-1696). Devenue bretonne par mariage, elle fit de longs séjours ici, pour se « mettre au vert » et se faire oublier du roi. La visite du château, qui tourne autour de cette grande aristocrate, intellectuelle, féministe avant l'heure, spirituelle et parfois frivole, est passionnante. Le jardin à la française, avec ses broderies de gazon et ses 5 000 fleurs, a été réalisé d'après les dessins de Le Nôtre. Au-dessus, Mme de Sévigné a fait construire la place Coulanges, dont les murs en hémicycle produisent un surprenant double écho (placez-vous sur les carrés de pierre), où elle venait déclamer quelques vers. Elle l'appelait « ce petit rediseur de mots jusque dans l'oreille ». Au-delà se déploie le grand parc boisé, son labyrinthe, ses allées dont les noms évoquent la marquise et son milieu littéraire : le Mail, la Solitaire, l'Infini...

ST-BRICE-EN-COGLÈS

Château Le Rocher-Portail★

C'est l'un des plus beaux châteaux de Bretagne. Visible au-delà d'un étang, l'imposant édifice en granit (1596) a fière allure avec ses hautes cheminées de pierre et ses toits d'ardoises pentus. Abritant la « Nouvelle École des sorciers », le château est ouvert au public 5 semaines par an réparties en trois périodes distinctes correspondant à trois animations différentes qui se déroulent en après-midi ou en soirée (avec banquet). Sa visite, théâtralisée et agrémentée de décors magiques, met en avant l'intérêt du site dans le cadre d'une expérience ludique permettant d'admirer ce château remarquable, ses dépendances, son parc et son jardin. *R. Lebouteiller - lerocherportail.fr*

TRÉHORENTEUC

Église du Graal

Dans l'église (17e s.) et la sacristie, des mosaïques et des tableaux évoquent la légende de la Table ronde. La visite guidée permet de comprendre les références aux légendes arthuriennes, au monde celte et à la chrétienté.

CARNAC

ITINÉRAIRE 5 - CHÂTEAUX DE LA LOIRE

6 JOURS - 243 KM

ANGERS > LES GARENNES-SUR-LOIRE > DOUÉ-LA-FONTAINE > ANCHÉ > CHINON > TOURS > AMBOISE > CHAUMONT-SUR-LOIRE > BLOIS

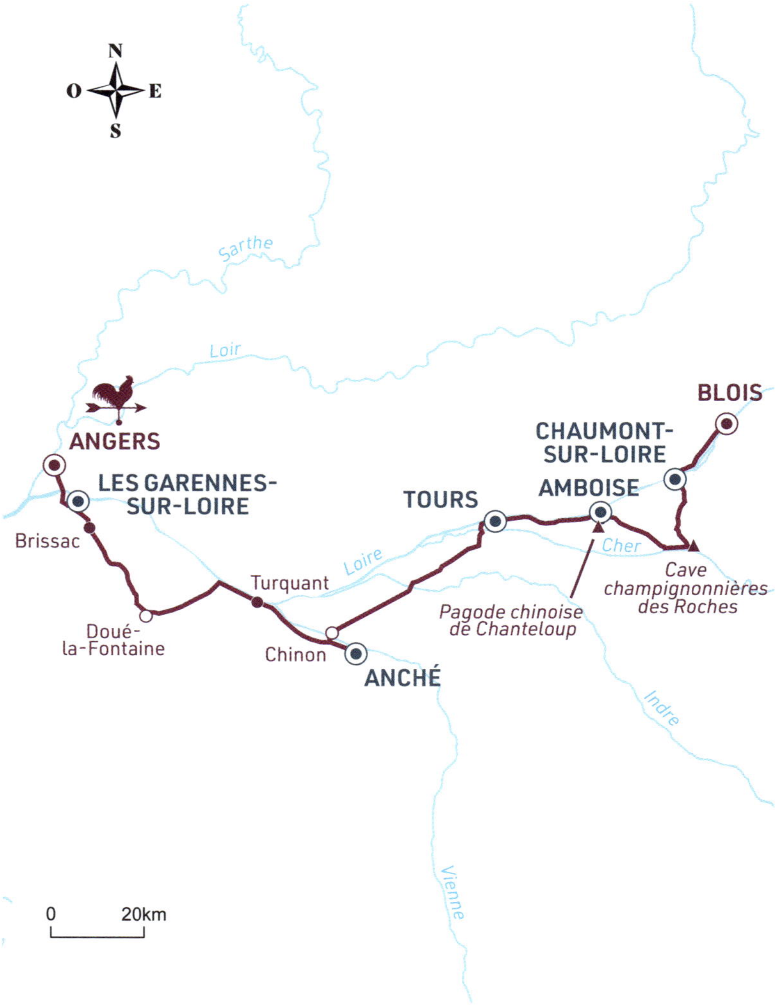

Percer
le secret de l'Apocalypse

1re Étape

MATINÉE À ANGERS

Dès le début de votre séjour, plongez dans l'histoire en visitant la majestueuse **forteresse d'Angers★★★**, érigée en 1231. Place à la spectaculaire **tenture de l'Apocalypse★★★**! Un court film dévoile les secrets de cette œuvre médiévale unique que l'on admire ensuite dans une galerie baignée d'une douce pénombre, maintenue à une température idéale pour préserver ce trésor d'art ancien. Petit conseil : même en été, glissez une laine dans votre sac.

DÉJEUNER À ANGERS

Côté fille : Jade, en réalité associée à Laurent ; côté quilles, plusieurs centaines de références, 100 % bio et souvent régionales. Le tout s'accompagne de jolies petites assiettes (charcuterie ibérique, burrata aux truffes, terrine maison, rillettes sarthoises, etc.) et quelques plats toujours gourmands. Mais où sommes-nous ? Chez **Une Fille & des Quilles**. *66 r. Baudrière - unefilleetdesquilles.com - [Facebook] - €€.*

Rien de tel qu'une promenade digestive dans la **vieille ville★**, très animée. Après une courte halte devant la **Maison Bleue★**, au subtil (et sublime) dégradé de bleu en mosaïques, et à la **Maison d'Adam★★**, superbe demeure à pans de bois, poussez les portes de la **Galerie David-d'Angers★★**. Dans le cadre de l'ancienne église abbatiale Toussaint, on pénètre l'univers créatif du célèbre sculpteur. Vous y découvrirez les secrets de son processus de conception à travers une collection fascinante d'œuvres d'atelier, dont de nombreux plâtres originaux.

DÎNER ET NUIT AUX GARENNES-SUR-LOIRE

De l'autre côté de la Loire, l'ancien relais de chasse du 17e s. **Loire et Sens** vous accueille dans un écrin de verdure marqueté de schiste. Dînez à l'élégant restaurant de l'ensemble hôtelier et profitez de son espace bien-être.
11 ch. du Bois-Guillou - www.loireetsens.com - €€€.

ALTERNATIVE

Dans une rue calme non loin de la gare, le néo-bistrot **Les Affamés** est une jolie découverte, avec sa carte courte et alléchante, ses plats bien réalisés qui marient les saveurs (saumon confit et yuzu, suprême de volaille et bisque de langoustines), et sa cave fournie. De quoi séduire les affamés... et les gourmands ! *30 r. Delaâge - [Instagram] - €€.*

À VOIR AUSSI

Envie de plonger dans l'univers fascinant des galeries et villages troglodytiques ? Découvrez les caves-cathédrales du **site des Perrières** et le **Mystère des Faluns** ★ *(7 r. d'Anjou - les-perrieres.com)*, sublimés par un magnifique jeu de lumière. Tout aussi impressionnant, le village troglodytique de **Rochemenier** ★ offre une immersion complète et émouvante dans ce monde souterrain unique. *14 r. du Musée - www.troglodyte.fr*

2e Étape

DÉPART DES GARENNES-SUR-LOIRE

Que diriez-vous de découvrir le plus haut château de France ? **Brissac★★★**, avec ses 48 m de hauteur et ses 7 étages, est une véritable ville derrière les murs. Il cache un enchevêtrement de **galeries★**, salons, escaliers et décors somptueux. Pour clore en beauté la visite, promenez-vous dans le **parc★** jusqu'à l'insolite **rivière souterraine**, un tunnel de 240 m en pierre de taille construit au 18e s. pour recevoir les eaux du bief de Brissac.

DÉJEUNER À DOUÉ-LA-FONTAINE

Dégustation de fouaces au **Caveau**, accompagnées de galipettes, gros champignons farcis cuits au four à bois, le tout dans une salle médiévale creusée dans le falun. Une institution touristique ! *4 bis pl. du Champ-de-Foire - www.restaurantlecaveau.com - €€.*

En route vers **Turquant**, un des plus séduisants villages troglodytiques du Val de Loire occidental. Pour tout apprendre de l'habitat troglodytique, suivez le sentier d'interprétation *(départ : place de l'église)*. Que diriez-vous d'un petit goûter ? Laissez-vous tenter par les **Pommes tapées du Val de Loire** , un site qui perpétue cet artisanat. Il propose la découverte d'une habitation troglodytique et d'un musée consacré au sujet. À la clé... une dégustation en fin de visite ! *11 r. des Ducs-d'Anjou, Le Val-Hulin - pommes-tapees.fr - visite 1h.*

DÎNER ET NUIT À ANCHÉ

À la maison d'hôte du **Clos de la Garde,** l'accueillant et convivial M. Fritsch concocte des dîners dignes de grandes tables, au cœur d'un cadre rustique et authentique – mais d'un grand confort.
4 r. de la Basse-Garde - www.leclosdelagarde.fr - €€.

3e Étape

MATINÉE À CHINON

L'aventure vous attend au cœur de la **forteresse de Chinon★★** ! Après avoir admiré l'imposante place forte surplombant la Vienne, rendez-vous au point de départ de l'**escape game** du château : infiltrez des salles habituellement inaccessibles et explorez des passages secrets qui vous réservent bien des surprises ! Une fois votre mission accomplie, flânez dans le **Chinon médiéval★★**, avec ses toits pointus, ses ruelles tortueuses et ses jolies maisons médiévales, notamment au niveau du **Grand Carroi★★**.

DÉJEUNER À CHINON

Au **Charbon,** on cuisine au four à bois, et ça fait la différence. Plats mijotés, viandes saisies et bons conseils pour les vins, locaux évidemment ! *27 pl. du Gén.-de-Gaulle* - *€€€.*

Filez vers **Tours★★** et musardez dans le quartier de la **cathédrale St-Gatien★★** avant de visiter le **musée du Compagnonnage** et découvrir l'univers des compagnons en admirant leurs outils, chefs-d'œuvre et créations collectives. Un bel hommage à des métiers parfois oubliés, mais porteurs d'un savoir-faire unique.

DÎNER ET NUIT À TOURS

Prenez vos quartiers à la **Maison Jules**, hôtel particulier du 19e s. aux cinq magnifiques chambres. Le salon-cheminée et la bibliothèque donnent à l'ensemble un air de pension de famille. *45 r. Jules-Simon - www.lamaisonjules.fr - €€€.*
Dîner au **Casse-Cailloux**, le bistrot gourmand qui s'est vite imposé comme l'adresse des Tourangeaux initiés. Le chef, Hervé Chardonneau, est un ancien de chez Jean Bardet. La décoration reste simple mais l'essentiel est dans l'assiette.
26 r. Jehan-Fouquet - restaurantcassecailloux.eatbu.com - €€€.

À VOIR AUSSI

Si le cœur vous en dit, poursuivez jusqu'au village troglodytique de **Souzay-Champigny,** avec ses rues percées dans le coteau.
3 km à l'ouest de Turquant.

À VOIR AUSSI

Le dimanche, remontez le temps dans la **vallée troglodytique des Goupillières,** près du **château d'Azay-le-Rideau★★★** : visites guidées, animations captivantes et savoureux repas de fouées.

À VOIR AUSSI

Ne manquez pas le **Vieux Tours★★,** ses rues étroites et animées autour de la **place Plumereau★**. Si le cœur vous en dit, allez boire un verre sur une des terrasses, repaire des Tourangeaux en soirée.

ALTERNATIVE

Si vous êtes plutôt poissons et fruits de mer, optez pour **La Chope,** une institution et un monument historique à Tours avec son décor Belle Époque.
25 bis av. de Grammont - www.la-chope.fr - €€.

CHINON

4e Étape

DÉPART DE TOURS

En route vers Amboise et ses trois châteaux ! À l'orée de la forêt d'Amboise, admirez la **Pagode chinoise de Chanteloup★**, aussi somptueuse qu'inattendue dans ce paysage. Quant au **château royal d'Amboise★★**, posé sur un éperon rocheux en surplomb de la Loire, il est l'endroit idéal pour s'imprégner de l'âge d'or que connut la ville au 15e s.

À VOIR AUSSI

Sur la route entre Tours et Amboise, remarquez le panneau **« La Ville-aux-Dames »** : un bourg où tous les noms de rue rendent hommage à une femme ayant marqué l'histoire !

DÉJEUNER À AMBOISE

Poursuivez ce voyage dans le temps à l'**Auberge du Prieuré**. Dans le prieuré du Clos-Lucé, sieur Sausin, consultant en cuisine historique, vous fait découvrir la gastronomie de la Renaissance. Un savoureux moment avec un personnel en costume d'époque.
47 av. Léonard-de-Vinci - www.vinci-closluce.com - €/€€.

Difficile de rater le **château du Clos-Lucé★★**, où plane encore l'esprit de Léonard de Vinci. Après la visite du corps du logis, c'est dans le **parc extérieur★** que vous saisirez tout le génie du maître. Le clou du programme ? Amusez-vous à faire fonctionner une des 20 machines grandeur nature inventées par ce célèbre créateur éclectique !

ALTERNATIVE

En quête de folie ? Au **Charme Rabelaisien**, demeure bourgeoise à quelques minutes à pied du château royal, les chambres sont d'un grand confort. Le luxe s'invite aussi dans l'espace bien-être et le jardin avec piscine. *25 r. Rabelais - www.au-charme-rabelaisien.com - €€€€.*

DÎNER ET NUIT À AMBOISE

Deux anciens copains de l'école hôtelière de Tours signent une partition gourmande sans faute, dans le cadre chaleureux du bistrot **Les Arpents**. Vous apprécierez la fraîcheur des produits locaux et la justesse des saveurs.
5 r. d'Orange - www.restaurant-lesarpents.fr - €€.
Vous reconnaîtrez votre hôtel, **Le Blason**, à son engageante façade à colombages du 15e s. Il propose d'agréables chambres rénovées. *11 pl. Richelieu - www.leblason.fr - €.*

5e Étape

DÉPART D'AMBOISE

Aux **Caves champignonnières des Roches★**, on s'enfonce dans un dédale de caves de tuffeau à 50 m sous terre. Le monde étrange et silencieux de la culture des champignons (de Paris, pleurotes, shiitakés) se dévoile à la lueur de lampes de mineurs. Le parcours de 1 km intègre aussi la **ville souterraine★**, figée dans la pierre et le temps ! *40 rte des Roches - www.le-champignon.com - visite guidée de 1h à 10h et 11h.*

DÉJEUNER À CHAUMONT-SUR-LOIRE

Filez à **La Charbonnette** de Veuzain-sur-Loire, à 3 km de Chaumont, pour son ambiance conviviale et rustique d'ancienne quincaillerie. Les mets, préparés avec des produits locaux, ravissent le palais.
13 r. de la Justice - lacharbonnette41.fr - €€.

Le domaine de **Chaumont-sur-Loire★★★** mérite bien un après-midi entier! Le parc est investi chaque année par le superbe **Festival des jardins★★★** : ses créations artistiques multiples sont une mine d'idées dynamiques, changeantes car transformées tous les ans en fonction d'un thème défini. Un spectacle poétique, parfumé et sensoriel. Juste à côté, les nombreuses facettes du **château de Chaumont★★** (puissance médiévale, grâce Renaissance, confort du 19e s. et modernité de l'art contemporain) vous tendent les bras, pour prolonger l'expérience.

DÎNER ET NUIT À CHAUMONT-SUR-LOIRE

Aucune envie de quitter le domaine ? L'hôtel du **Bois des Chambres** inscrit son design contemporain au cœur d'une ancienne ferme, en osmose avec le site. Architecture durable, grand confort et vues privilégiées sur l'extérieur président à l'ensemble. Au sein de l'établissement, le restaurant gastronomique **Le Grand Chaume** permet de prolonger l'expérience. *Domaine régional de Chaumont-sur-Loire - www.leboisdeschambres.fr - €€€€.*

6e Étape

MATINÉE À BLOIS

Le **château royal de Blois★★★** semble une conclusion parfaitement adaptée à ce séjour. Voici une petite astuce pour profiter de cinq siècles d'histoire en un coup d'œil : placez-vous au centre de la cour, à l'endroit indiqué par une petite étoile. Vous pourrez alors admirer les façades, symboles des différentes étapes de construction de ce riche témoin des plus grands rois et reines de France. Si vous en avez la possibilité, choisissez la visite guidée « insolite », afin de pénétrer dans des lieux habituellement fermés. L'Histopad, disponible à l'accueil, complète la découverte grâce aux reconstitutions numériques.

DÉJEUNER À BLOIS

Testez les associations parfois audacieuses des frères Venier dans le restaurant convivial **Diffa**, niché dans une rue tranquille du Vieux Blois. *46 r. de la Foulerie* - Instagram - €.

Vous avez profité de la magie du lieu ? Et si vous vous laissiez surprendre par la magie tout court, à la **Maison de la Magie Robert-Houdin★** ? Plongez dans l'univers de l'illusion avec le parcours-découverte et profitez du spectacle du Grand Théâtre au sous-sol. En sortant, faites-vous peur en regardant apparaître le terrifiant dragon qui sort tête et queue des fenêtres de la belle demeure de tuffeau.

DÎNER ET NUIT À BLOIS

Posez vos valises au **Côté Loire - Auberge ligérienne**, un petit hôtel à taille humaine et aux chambres à la décoration authentique. Coté cuisine, un menu unique à l'ardoise évoluant au gré du marché servi dans une vaisselle ancienne, sur des tables en bois verni qui contribuent au charme des lieux. *2 pl. de la Grève - www.coteloire.com - €€.*

À VOIR AUSSI

« Le doute est la force des intelligents », affirmait l'artiste Ben. Dans la **Fondation du doute★**, à Blois, il promeut le non-art avec humour et dérision. Un parcours ludique pour mettre en branle l'esprit Fluxus. *www.fondationdudoute.fr.*

À VOIR AUSSI

Flottant entre ciel et terre, le **château de Chambord★★★** abrite bien des merveilles : un **escalier à double révolution★★★**, des **terrasses★★★** féeriques, une **chapelle★** rassemblant les symboles des rois ayant participé à sa construction… Et pour admirer cet époustouflant monument et retracer votre parcours des châteaux de la Loire, pensez à vous offrir un vol en montgolfière. Une expérience unique ! *www.chambord.org.*

Et si on allait voir plus loin

Notre sélection de sites, adresses, expériences insolites en dehors de l'itinéraire

AZAY-LE-RIDEAU

Une chambre au château★★

Grâce à l'étude de documents anciens, le Centre des Monuments nationaux a recréé la **Chambre Renaissance** presque à l'identique avec des **nattes de jonc** tressées à la main, un **lit à quenouille** et une garde-robe attenante ! Le **château★★**, ce « diamant à facettes serti dans les eaux de l'Indre », comme le décrivait Balzac, a en effet connu un impressionnant chantier de restauration et de reconstitutions.
www.azay-le-rideau.fr

Hôtel de charme Troglododo

Dépaysement garanti dans cette ancienne ferme troglodytique de vignerons des 15e et 17e s. Les chambres, magnifiquement restaurées, sont nichées dans la falaise et desservies par un petit chemin et des escaliers qui mènent de terrasse en terrasse, offrant une jolie vue sur la vallée de l'Indre.
Rte des Granges (suivre panneaux Troglododo) - www.troglododo.fr

BRÉZÉ

Château de Brézé★★

Tel un iceberg de pierre, le château de Brézé dissimule un ensemble troglodytique de plus de 1 km et un étonnant réseau de caves. C'est le plus grand domaine souterrain seigneurial d'Europe.
www.chateaudebreze.com

BRIARE

Le Pont-Canal de Briare★★

Au cœur d'une petite ville à l'extraordinaire réseau de canaux et de voies d'eau, cet ouvrage d'art remarquable permet au canal latéral à la Loire de franchir le fleuve pour s'unir au canal de Briare. Encore plus unique, ce pont qui enjambe la Loire porte lui-même une voie navigable : on peut donc voir des bateaux passer au-dessus d'autres bateaux...
www.tourismeloiret.com

CHÂTEAU DE CHAUMONT-SUR-LOIRE

CHEVERNY

Château de Cheverny★★★

Ne serait-ce pas là le château de Moulinsart ? Mille sabords ! Nous voici plongés dans l'univers du grand dessinateur belge ! Vous en voulez plus ? Direction l'ancienne forge, près du château, où vous plongerez au cœur des aventures de Tintin avec une exposition interactive unique en France, réalisée avec la Fondation Hergé. Explorez les souterrains de Moulinsart, le laboratoire du professeur Tournesol, la chambre de Tintin et la salle à manger du château.
www.chateau-cheverny.fr

ÉCUILLÉ

Château du Plessis-Bourré★★

Le **plafond★★★** de la salle des gardes de ce remarquable château du 15e s. est spectaculaire. Toutes de rouges, de bleus et d'ors cuivrés, ses peintures sont d'une fraîcheur exceptionnelle, car elles ont été dissimulées à partir du 18e s. sous un faux plafond et redécouvertes seulement en 1952.
www.plessis-bourre.com

FONTEVRAUD-L'ABBAYE

Abbaye royale de Fontevraud★★★

Célèbres pour leur toiture de pierre taillée en écailles de poisson ponctuée de nombreuses cheminées, les **cuisines romanes★★** de cette puissante abbaye sont exceptionnelles par leur conservation et leur taille. Leur fonction reste mystérieuse. Comment imaginer de telles cuisines dans une abbaye bénédictine où on prépare seulement deux repas frugaux par jour ? La viande était interdite et aucun four à pain n'a été trouvé. Les hypothèses actuelles suggèrent qu'elles étaient des fumoirs ou saloirs pour le saumon, la Loire en regorgeant à l'époque.
www.fontevraud.fr

GIEN

Château-musée de Gien - Chasse, histoire et nature en Val de Loire★★

Le château de villégiature de Gien, édifié entre 1494 et 1500, abrite une des plus remarquables collections des arts de la chasse en Europe. Découvrez trois types de traques (la chasse au vol, à courre et à tir) à travers une présentation didactique et vivante centrée sur le Val de Loire.
www.chateaumuseegien.fr

LANGEAIS

Château de Langeais★★

Et si vous assistiez au mariage secret d'Anne de Bretagne et de Charles VIII ? Dans la **salle du mariage★**, une scénographie combinant vidéo, musique ancienne et statues de cire costumées, animée virtuellement par Stéphane Bern, fait revivre la cérémonie. Derrière son allure altière de forteresse médiévale, le château de Langeais est bien une résidence seigneuriale. Il a accueilli un mariage royal des plus stratégiques et secrets.
www.chateau-de-langeais.com

LOCHES

Cité royale de Loches★★

Si la cité royale de Loches impressionne par sa sévérité médiévale quelle que soit la saison, c'est durant les Médiévales, aux alentours du 15 août, que la plongée dans le passé est la plus spectaculaire. Fêtes, animations, spectacles, on s'y croirait !
www.citeroyaleloches.fr

SACHÉ

Musée Balzac★

Îlot de sérénité, ce manoir du Moyen Âge, remanié à la Renaissance, accueille le musée Balzac. C'est un véritable saut dans le passé, puisque le lieu revit aujourd'hui au plus proche de ce qu'il fut quand Balzac écrivait ou corrigeait certains de ses plus célèbres ouvrages, notamment *Le Lys dans la vallée*.
R. du Château - www.musee-balzac.fr

SAUMUR

Le musée des Blindés★★

Une impressionnante plongée dans l'histoire du char d'assaut et l'Histoire en général, puisque le musée abrite près de 200 véhicules (chars, engins blindés, pièces d'artillerie) en état de marche, retraçant l'évolution de l'ABC (arme blindée et cavalerie) de 1917 à nos jours. Provenant de 17 pays, certains portent les traces de l'Histoire (chars du débarquement, par exemple). Une approche didactique et 100 % grandeur nature !
1043 rte de Fontevraud - www.museedesblindes.fr

Le Cadre noir★

Ancienne école d'écuyers d'élite jusqu'en 1972, le Cadre noir fait désormais partie de l'Institut français du cheval et de l'équitation. Avec ses 18 carrières et 7 manèges, ce site d'entraînement de l'équipe de France vous ouvre ses portes pour des visites, des démonstrations matinales et des spectacles équestres impressionnants !
Av. de l'École-Nationale-d'Équitation, St-Hilaire-St-Florent - www.ifce.fr

SAVONNIÈRES

Grottes pétrifiantes

Formées à l'ère secondaire puis exploitées comme carrières au 12e s., ces grottes offrent aujourd'hui un spectacle naturel fascinant. Partiellement envahies par un lac, elles continuent de se métamorphoser avec des stalactites, des gours et des draperies qui prennent lentement forme grâce au travail de l'eau. Et pour couronner le tout, une dégustation de vins a lieu au fond des grottes.
www.grottes-savonnieres.com

TRÔO

Maisons troglodytiques★

Non loin de Vendôme, Trôo se distingue de loin avec ses niveaux étagés à flanc de coteau. Ses dizaines de maisons troglodytiques encore habitées en font un village unique et charmant, idéal pour une belle promenade.
À 26 km de Vendôme.

BLOIS

ITINÉRAIRE 6 - BOURGOGNE

4 JOURS - 220 KM

DIJON > ALISE-STE-REINE > FLAVIGNY-SUR-OZERAIN > SEMUR-EN-AUXOIS > VAULT-DE-LUGNY > VÉZELAY > PONTAUBERT > QUARRÉ-LES-TOMBES > SAULIEU

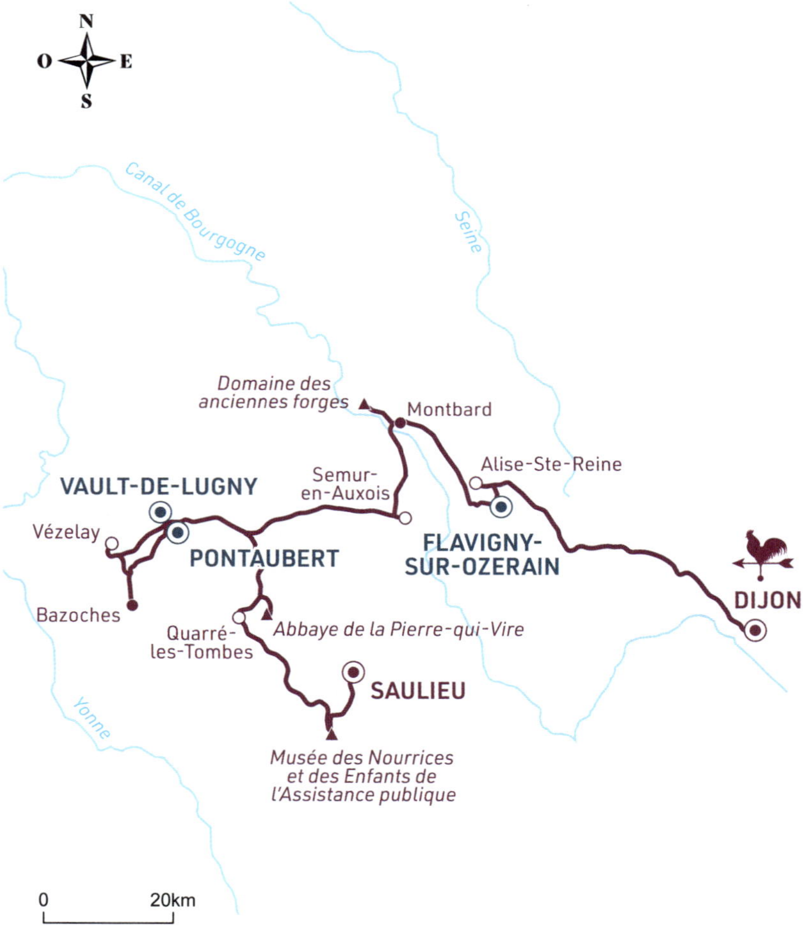

Au cœur des légendes médiévales

À VOIR AUSSI

Autres rescapés des fureurs révolutionnaires, les pleurants du **Tombeau de Philippe le Hardi★★★**, à contempler longuement au **musée des Beaux-Arts★★★**. *beaux-arts.dijon.fr.*

ALTERNATIVE

À Dijon, testez les chefs japonais. Keigo Kimura à **l'Aspérule** entre France et Japon *(43 r. J.-J.-Rousseau - restaurant-asperule.fr - €€€)* ou, plus cool, Takaya Uchida chez le bistronomique **Spica**. *48 r. de la Préfecture - www.restaurantspica.com - €€.*

VERCINGÉTORIX

À VOIR AUSSI

Avis aux marcheurs, des fois que vous auriez envie de lâcher la voiture, Flavigny se trouve sur la route de St-Jacques-de-Compostelle : le **chemin des Hongrois** traverse la Bourgogne d'est en ouest, de Gray à Vézelay (180 km quand même, on se motive, c'est le 3e jour le plus dur).

1re Étape

DÉPART DE DIJON

Nous, on s'est toujours demandé pourquoi Moïse avait des cornes. À **Dijon★★★**, les ducs de Bourgogne ont laissé un **palais★★**, une ville embellie – à visiter notamment dans le **quartier Notre-Dame★★** –, et une nécropole, la **chartreuse de Champmol**. De celle-ci, vous ne verrez pas grand chose, ainsi en ont décidé les révolutionnaires en 1793. Un chef d'œuvre a résisté aux destructions : le **puits de Moïse★★★**. Alors pourquoi des cornes ? Est-ce parce que le prophète est têtu et colérique ? Un peu diabolique ? Ou parce que, après avoir vu Dieu, il rayonnait ? Alors, des cornes ou des rayons ? *Centre Hospitalier La Chartreuse - 1 bd du Chanoine Kir.*

DÉJEUNER À ALISE-STE-REINE

Si vous vous sentez plus gaulois que romain, allez vous consoler de votre défaite au **Carnyx**, dans le Museoparc d'Alésia. La formule du déjeuner est avantageuse et meilleure qu'on pourrait imaginer sur un site touristique de cette ampleur. *1 rte des Trois-Ormeaux - www.alesia.com - €/€€.*

D'accord, Vercingétorix a perdu en 52 av. J.-C., mais l'issue du combat des chefs s'est jouée à un cheveu. Et comme toujours, ce sont les populations (aujourd'hui, on dirait les civils) qui ont trinqué. Le **Museoparc Alésia★★**, logé dans le bâtiment rond de Bernard Tschumi, vous raconte tout ça et la visite se prolonge alentour jusque sur les sites archéologiques. Pédagogique, et touristique *(1 rte des Trois-Ormeaux - www.alesia.com)*. **Flavigny-sur-Ozerain★** se trouve à 10mn du champ de bataille. Déjà, le charme du village médiéval nous transporte loin des gaulois en plastique et de la fureur des armes. Et là, vous sentez ? Un parfum frais, presque mentholé, mais tirant plutôt sur le fenouil. Ce sont les **Anis de Flavigny★**, un complexe logé dans le cadre tranquille de l'ancienne abbaye St-Pierre, une vraie pépite pour nous qui avalons l'anis sans réfléchir. On aperçoit les petits bonbons blancs se précipiter vers la sortie de la chaîne de production après s'être chargés de toutes sortes d'huiles essentielles. Le musée est passionnant et le café (voire la crêpe) bienvenu. Et puis, on adore les boîtes en carton avec leur décor en chromo. Délicieux. *4 r. de l'Abbaye - www.anis-flavigny.com*

DÎNER ET NUIT À FLAVIGNY-SUR-OZERAIN

Dormez dans la maison de Justice. Enfin, elle l'était au 18e s., parce qu'aujourd'hui elle abrite un salon de thé (scones à mourir), qui fait à ses heures table d'hôte, et une chambre sous la charpente aux poutres séculaires. Douillet, calmissime et délicieux. **Maison du Tisserand by Algranate** - *3 r. Lacordaire - algranate.fr - €/€€.*

2e Étape

DÉPART DE FLAVIGNY-SUR-OZERAIN

Bon, **Buffon**, ça vous dit quelque chose ? Nous, on aurait pensé animaux, nature, description, muséum d'histoire naturelle, jardin du roi. Eh bien, le grand homme est né (au 18e s.) en Auxois, à Montbard, qui conserve son souvenir, sa maison, ses écuries, son **parc★** et, en particulier, à Buffon (la commune), sa **forge★**. Infatigable curieux des minéraux, Buffon en entreprit la construction en 1768, alors qu'il avait 60 ans. Il avait à disposition sur ses terres l'eau (motrice) de l'Armançon, du bois et du minerai de fer. Plus qu'une forge, c'est un complexe industriel avant l'heure puisque Buffon avait tout prévu, le haut-fourneau, l'affinerie, la fenderie, et des bâtiments domestiques pour loger les ouvriers. Outre la beauté sereine des bâtiments de pierre, on admire l'ingéniosité des mécanismes. L'électronique c'est bien, mais c'est plus difficile à saisir. *www.grandeforgedebuffon.fr*

DÉJEUNER À SEMUR-EN-AUXOIS

Prenez la mesure de la petite **cité médiévale★** en vous installant sous la véranda ou sur la terrasse de la **Cuisine de la Fontaignotte**, qui offrent une vue imprenable sur les remparts et la rivière Armançon. Dans l'hôtel particulier du 17e s. qui sert de cadre à ce restaurant, le chef suit la saison à la lettre et travaille avec les producteurs fermiers de l'Auxois et de la Bourgogne. *4 r. de la Fontaignotte - www.lacuisinedelafontaignotte.com - €€/€€€.*

Consacrez l'après-midi à découvrir **Semur★★**, perchée sur sa falaise de granit rose. Vous passerez par la **collégiale★**, où la Vierge pleure son fils depuis le 15e s., au milieu des vagues de plis des vêtements sculptés, sans doute par un artiste de la cour des ducs de Bourgogne. Et vous repasserez par le **pont Joly** parce que la **vue★** est jolie.
En fin d'après-midi, direction le Morvan.

DÎNER ET NUIT À VAULT-DE-LUGNY

Avez-vous lu *La Carte et le territoire* de Michel Houellebecq ? Vous retrouverez son pressé de homard au **Valucien** ✿, le restaurant du **château de Vault-de-Lugny**. Comme quoi, les particules élémentaires sont un peu déprimées mais apprécient la bonne chère. Nuit de château dans un cadre grandiose et petit-déjeuner absolument pas dépressif. *11 r. du Château - lugny.fr - €€€€.*

À VOIR AUSSI

Vous êtes à 1/2 heure de **Fontenay★★★**, une des plus belles abbayes du monde cistercien. *www.abbayedefontenay.com*

Saviez-vous que le **KIR** est le nom du chanoine Félix Kir (maire de Dijon de 1945 à 1968) ? Au pays du kir, ne rigolez pas avec les ingrédients, équilibrez le sucre de la liqueur de cassis peu alcoolisée (16 °) avec l'acidité du vin blanc aligoté, et respectez la proportion : 1/5 de liqueur et 4/5 de vin.

ALTERNATIVE

Restez à Semur, vous ferez la route demain. Réservez une chambre sur cour (important) au **Relais de la Côte d'Or** *(1 r. de la Liberté - auxois.fr - €€)*, exemple réussi de restauration d'un bâtiment du 18e s., juste devant la porte médiévale, et dînez dans un bistrot de cuisine bourguignonne, au **St-Vernier**. *13 r. Févret - f - €€.*

3e Étape

DÉPART DE VAULT-DE-LUGNY

Espérons que vous êtes bien réveillé car vous allez voir un des chefs-d'œuvre de l'art roman. Beaucoup de monde dans la **basilique★★★ de Vézelay★★★**, depuis que les pèlerins viennent se recueillir sur les reliques de sainte Marie Madeleine, même si celles-ci ont eu une histoire mouvementée. Donc, arrivez tôt (dès 7 heures ?...) si vous ne voulez pas partager le **tympan roman★★★** du narthex avec vos semblables en trop grand nombre. Le Christ, dans sa mandorle, étend ses mains (qui rayonnent) pour encourager les apôtres à travailler, c'est à dire à enseigner la Foi. On peut trouver l'idée un peu envahissante mais la

TYMPAN DU NARTHEX, VÉZELAY

L'ART ROMAN, QUÉSACO ?
On sait que vous savez. Petit rappel quand même. C'est une période en histoire de l'art entre les 9e et 12e s. Pour simplifier, entre Charlemagne et Aliénor (celle qui a apporté l'Aquitaine aux Anglais). Les constructeurs des églises romanes ont, en général, utilisé des arcs en plein cintre, des voûtes en berceau, des piliers massifs, des murs épais et des volumes sobres.

ALTERNATIVE

Déjeuner vite fait bien fait à la brasserie locale du **Vézelien**. C'est bien, l'ambiance des bars-tabacs, quand la cuisine est bonne. *Pl. du Grand-Puits - vezelien.edan.io - €.*

À VOIR AUSSI

Il est rare d'entendre parler du seigle. Peut-être quand on achète son pain de seigle ? Pas beaucoup plus souvent. Pourtant, si vous étiez né en 1373 par exemple, là, dans le Morvan, vous ne seriez pas entouré d'arbres mais d'épis (au printemps, bien sûr). Allez à la **maison du Seigle** pour voir s'il n'y a pas un truc à retenir des savoir-faire paysans autour de cette céréale panifiable. En plus, la maison fait partie de l'**écomusée du parc du Morvan**, qui a toutes sortes d'idées pour nous sortir de notre smartphone. *Ménessaire - www.parcdumorvan.org*

réalisation reste subjuguante. On se demande comment la pierre, inerte par nature, peut être à la fois si gracieuse et si légère. Dans la nef, sur l'un des **chapiteaux★★★**, vous retrouverez Moïse (sans ses cornes) avec saint Paul, occupés à recycler la parole de la Bible à l'aide d'un moulin. Les moines de Vézelay, entre autres ressources, exploitaient le sel. Il faut dire que des petits malins avaient repéré, il y a déjà 4000 ans, qu'une eau salée remontait des profondeurs du Morvan. Sur le site archéologique des **Fontaines salées**, joliment inscrit dans les collines qui précèdent le Morvan, on vous raconte toute cette histoire, comment on captait cette eau et à quoi elle servait. En gros, pour prendre un bain ou pour assaisonner son poisson. *Rte de Pierre-Perthuis - St-Père-sous-Vézelay - www.saint-pere.fr*

DÉJEUNER À VÉZELAY

Au pied de la colline, célébrez l'**Éternel** avec des nourritures terrestres. La cuisine moderne, qui vous fera renouer avec le pressé (aux gambas cette fois), est servie dans le cadre lumineux d'un relais de poste transformé en hôtel. *9 pl. du Champ-de-Foire - www.hplv-vezelay.com - €€€.*

On se demande ce qu'aurait fait Louis XIV sans Vauban. Les despotes, c'est bien connu, savent s'entourer. Alors afin de comprendre comment un seul homme s'est débrouillé pour travailler à 300 places fortes anciennes, construire 33 citadelles, tout ça en menant à bien 53 sièges, il faut aller à **Bazoches★★**. Là-bas, vous comprendrez comment une forteresse médiévale est devenue un bureau d'études par le génie (on peut le dire même si on n'aime pas la guerre) d'un homme. *www.chateau-bazoches.com*

DÎNER ET NUIT À PONTAUBERT

Alors là, chapeau ! Nous, on aime les paysages préservés, la nature secrète, les maisons bien restaurées et les matériaux de qualité. Vous trouverez tout ça au **Moulin des Templiers**, où l'on sait faire la différence entre la vérité et le superflu. Définition du luxe sans tapage. Que ce soit au restaurant ou dans les chambres, vous aimerez le calme, la terrasse sur la rivière et les prix. *10 rte de Cousin - hotel-moulin-des-templiers.com - €€.*

4e Étape

DÉPART DE PONTAUBERT

Une pierre qui vire, à première vue, pas de quoi s'énerver. Mais lorsqu'il s'agit d'une énorme pierre plate posée en équilibre sur un rocher et que l'on peut faire tourner d'une pression de la main, on se prend assez vite pour Obélix. C'est de cette pierre que tire son nom l'**abbaye de la Pierre-qui-Vire**, dont la fondation, en 1850, est assez récente, d'autant que les bâtiments ont été réaménagés en 1995. Pour nous, cette abbaye est mythique car elle a fondé, et longtemps dirigé, les éditions du Zodiaque, ces gros volumes consacrés à l'art roman, qui peuplent les bibliothèques des passionnés de vieilles pierres et que vous aurez peut-être consultés avant de visiter Vézelay. L'abbaye bénédictine abritant toujours une communauté religieuse, seules sont visibles une salle d'exposition, une grande librairie où l'on vend aussi le fromage produit à la ferme, l'église pour les offices et la fameuse pierre plate, qui ne vire plus car elle a été soigneusement calée par une statue de la sainte Vierge au 19e s. Au cas où c'était le diable qui faisait tourner la pierre, mieux valait prendre ses précautions. *www.apqv.fr*

DÉJEUNER À QUARRÉ-LES-TOMBES

Petit détour par ce village dont le nom vient des sarcophages de pierre qui cernent l'église. Ne vous dispersez pas, on est là pour déjeuner. Alors, autant le dire tout de suite, au **Morvan**, la maison (le bâtiment) n'a rien d'exceptionnel. Oubliez la première impression et profitez plutôt du déjeuner bistronomique à prix doux. Tables dans le jardin l'été et accueil ensoleillé. *6 r. des Écoles - www.le-morvan.fr - €/€€.*

Votre dernière après-midi sera consacrée à un lieu aux récits puissants. Le **musée des Nourrices et des Enfants de l'Assistance publique** réunit les petites histoires et la grande histoire sociale. La muséographie ressemble à un village. On chemine de maison en maison en suivant le parcours des enfants recueillis par l'Assistance publique, celui des nourrices « sur place » et celui des femmes qui partaient en ville allaiter les enfants des autres pour gagner leur vie. *Alligny-en-Morvan - www.museedesnourrices.fr*

DÎNER ET NUIT À SAULIEU

Offrez vous une nuit luxueuse au **Relais Bernard Loiseau** dans un des lits cocons, par exemple, fermés par des claustras en bois et cannage. Au restaurant **La Côte d'Or**✿✿, le chef Louis-Philippe Vigilant, familier des lieux depuis plusieurs années, aime les assiettes épurées, axées sur le goût et le terroir. En langage des papilles, ça donne, par exemple, les tomates en jardin d'été à la crème de cabrache (fromage) du Conrieux (une ferme de Saulieu), eau des pépins à la fleur de sureau (du Morvan) et sorbet aux herbes. *2 r. d'Argentine - www.bernard-loiseau.com - €€€€.*

À VOIR AUSSI

« Sœur et émule de Rome », est-ce une bonne raison pour faire un détour par **Autun**★★ ? Voyez-vous même. Un **théâtre**★ de 20 000 places (le plus grand de Gaule), un austère **temple de Janus**★, des portes monumentales, mais aussi des rues médiévales, les sculptures de la **cathédrale**★★★ (encore un **tympan roman**★★★), des œufs en meurette au Chateaubriant. *14 r. Jeannin - www.lechateaubriant-autun.com - €/€€.*

ALTERNATIVE

Dînez et dormez sur place, dans l'une des trois chambres d'hôte impeccables du musée des Nourrices *(www.museedesnourrices.fr - €)* et dînez à côté, à l'**auberge du Morvan**, d'une honnête cuisine « maison ». *2 rte de Saulieu - www.aubergedumorvan.fr - €€.*

LES PETITS PARIS

Les Morvandelles ont longtemps été à Paris « se mettre en nourrice » à une époque où il n'était pas de bon ton en ville que les jeunes mères allaitent. Quand elles ne quittaient pas leurs pays natal, elles accueillaient chez elles les enfants que l'Assistance publique leur confiait. Nourrir les enfants des autres complétait les revenus souvent trop maigres de l'agriculture, et il n'est pas rare que les villages morvandiaux aient ainsi doublé leur population au 19e s.
Appelés localement les « Petits Paris », les enfants de la capitale mis en nourrice passaient leurs premiers mois (voire leurs premières années) dans le Morvan. Leur histoire est contée au musée des Nourrices, plongé dans une pénombre propice aux confidences, celles de ces jeunes femmes pauvres parties nourrir les enfants des autres pour que survivent les leurs.
Un drôle de paradoxe, encore accentué par un étrange croisement géographique, dont on ignorait qu'il s'est poursuivi jusqu'aux années 1970 : celui des enfants abandonnés, placés par milliers par l'Assistance publique dans les familles du Morvan. Ballets d'arrachements croisés, dont les humbles souvenirs présentés ici écorchent le cœur, telles ces médailles gravées de « numéros de dépôt ». Un dépôt, un enfant. L'un d'eux, un petit Jean, fut placé bébé dans une famille d'Alligny-en-Morvan, où il vécut heureux avant une brutale séparation dont il ne se remettra jamais. Toute sa vie, il puisera dans ce drame originel l'inspiration de son œuvre littéraire. Il s'appelait Jean Genet. Il représente à lui seul les orphelins du Morvan.

Et si on allait voir plus loin

Notre sélection de sites, adresses, expériences insolites en dehors de l'itinéraire

CHÂTEAU-CHINON

La Cité des Présents

Les musées de Château-Chinon font peau neuve. Cette cité muséale, qui réunit les **musées du Costume et du Septennat**, devrait ouvrir en 2025. Elle présentera la collection de costumes français, essentiellement du 18e au 20e s., en particulier du Second Empire ; et les cadeaux protocolaires reçus en sa qualité de chef d'État par François Mitterrand durant ses deux septennats.

6 pl. Saint-Christophe - www.nievre.fr

CRUZY-LE-CHÂTEL

Château de Maulnes★

La forme en pentagone de ce « palais idéal » rend sa silhouette unique. Commandé par un couple féru de modernité qui prônait la tolérance en pleine guerre de Religion, cet incroyable relais de chasse est bâti sur des sources qui jaillissent en haut de la colline. L'édifice, finalement peu occupé, a servi de décor en 1994 au film *La Reine Margot* de Patrice Chéreau. L'intérieur s'ordonne autour d'un puits d'eau et de lumière autour duquel tourne un **escalier en vis★**.

L'accès se fait par un chemin en montée dans la forêt de Maulnes - www.maulnes.com

DICY

La Fabuloserie

Ce musée d'« art hors-les-normes » présente des œuvres réalisées à partir de matériaux ou d'objets de récupération. Les artistes-bricoleurs mettent en scène leur sensibilité – mères possessives exécutées en tissus d'ameublement (Eckenberger), poupées en chiffons teints (Nedjar), personnages étranges de Marshall, etc. La désopilante tribu des Turbulents a été réalisée par Alain Bourbonnais, ami de Dubuffet et fondateur de cet espace qui se poursuit en plein air. Dans le parc bruit le manège de Petit Pierre, émouvante et merveilleuse poésie mécanique de ce petit homme rejeté par la société.

1 r. des Canes - www.fabuloserie.com

PORT-BRÛLÉ

Voûtes de la Collancelle★

Une fois passé Port-Brûlé, le **canal du Nivernais★★**, qui doit traverser le principal obstacle de son trajet, la montagne de la Collancelle, disparaît sous ces trois tunnels de 758 m, 268 m et 212 m de long. Les voûtes ne sont pas visibles à vélo, mais on peut les découvrir en bateau ou en paddle à partir de l'étang de Baye.

Loueur de bateaux au port des Pougeats à Baye.

ROGNY-LES-SEPT-ÉCLUSES

Les écluses

Pas moins de 12 000 ouvriers ont participé à la construction de cet ouvrage d'art imaginé par Henri IV et Sully dès 1597. L'objectif ? Relier la Méditerranée à l'Océan et à la Manche en faisant confluer la Loire et la Seine grâce à un canal. Entre les deux cours d'eau, il fallait franchir la colline de Rogny. L'ingénieur Hugues Cosnier imagina cet ensemble de six écluses – sept au bout du compte – pour que les navires puissent franchir le dénivelé de 24 m. En 1642, le « canal de Loyre en Seyne » fut enfin ouvert à la navigation. On le connaît aujourd'hui sous le nom de canal de Briare.

2 r. Gaspard-de-Coligny - www.puisaye-tourisme.fr

SARDY-LÈS-ÉPIRY

Échelle de Sardy★

Dans la vallée de Sardy, le **canal du Nivernais★★**, sans doute l'un des plus beaux de France, franchit un dénivelé de près de 50 m, au moyen d'une « échelle » de 16 écluses. Le long du dispositif, un chemin de 3,6 km interdit aux véhicules motorisés, passe devant les maisons d'éclusiers occupées par des artistes et des artisans. L'une des plus attachantes est sans doute l'écluse n° 6. Derrière sa façade habillée de lierre, on découvre une sorte de cabinet de curiosités qui fait aussi salon de thé. Vous pourrez y faire connaissance de son occupant, Gérard Mazière, Nivernais d'adoption et personnage haut en couleur.

SOURCE-SEINE

Sources de la Seine

Un parc, une grotte, une statue de nymphe et un filet d'eau... C'est ici que prend sa source l'un des plus célèbres fleuves de France, la Seine, qui parcourt ensuite 776 km jusqu'à la Normandie pour se jeter dans l'Atlantique. Les sources de la Seine se situent à 470 m d'altitude, sur le plateau de Langres. La principale sourd aux pieds d'une nymphe de pierre, dans un vallon planté de sapins fréquenté dès l'Antiquité et qui appartient depuis 1864 à la Ville de Paris. *Rte D 103*

ST-CHRISTOPHE-EN-BRIONNAIS

Marché aux bestiaux

Cette foire de race charolaise est la plus importante de France avec 1 200 bêtes vendues chaque mercredi. Ce jour-là, goûtez au menu du marché dans les restaurants, l'occasion de déguster la viande charolaise en circuit on ne peut plus court.

Antenne touristique : Grande Allée de Tenay -www.stchristophe-tourisme.fr

TAINGY

Carrière souterraine d'Aubigny★

En entrant dans les galeries encadrées de gigantesques pans de calcaire, on se demande si on n'a pas été téléporté dans un temple de l'Égypte ancienne. Les pierres de cette carrière ont notamment servi à la construction du Louvre, des pieds de soutènement de la tour Eiffel et de la cathédrale de Sens. À l'époque gallo-romaine, la carrière d'Aubigny était déjà exploitée mais elle connut son apogée au Second Empire, lors du réaménagement de Paris par le baron Haussmann. Au cours de la visite insolite de ce chantier, à 60 m de profondeur, on découvre les techniques d'extraction, les outils de taille du carrier, mais aussi les origines géologiques des différentes roches de la région et des œuvres taillées et sculptées par les Compagnons. *Hameau d'Aubigny - carriere-aubigny.com*

TONNERRE

Fosse Dionne★

Cette source, qui tire son nom de Divonna, divinité celte des Eaux, fut longtemps considérée comme une source divine. Un escalier, dont on a retrouvé la trace au 16e s., reliait la fosse au castrum romain situé sur la colline. L'actuel bassin circulaire, dont la couleur bleu vert de l'eau change selon l'heure et la saison, date du 18e s. La source est alimentée par une résurgence de type vauclusien : l'eau, infiltrée dans les roches calcaires des plateaux du Tonnerrois, sourd après avoir parcouru dans les rochers une galerie à forte pente de 45 m de longueur et débouche par un entonnoir au centre du bassin. Elle se déverse dans l'Armançon par un petit cours d'eau. *R. de la Fosse Dionne.*

TREIGNY

Écolodge Beauregard

Si vous voulez jouer au Robinson en famille avec tout le confort et une vraie fibre écolo, ces cabanes et les safari-lodges sont faites pour vous. Parmi les chênes, pins et autres essences trône un immense potager en permaculture. Des animaux et une aire de jeux amusent les enfants. Le petit-déjeuner, généreux, est apporté dans un panier le matin sur votre terrasse. *3 r. de la Cour-Vieille - www.ecolodge-beauregard.com - €€€.*

VIÉVY

La Rêverie

Au cœur du bocage bourguignon, cet écodomaine propose des logements insolites : tente, tipi, roulotte, cabane flottante ou encore maison de verre sur une île. Les prestations sont haut de gamme avec notamment spa privatif et panier petit-déjeuner, mais également respectueuses de l'environnement (panneaux solaires, toilettes sèches et réserve d'eau). Une expérience nature et luxe ! *Lieu-dit Thoreille - www.ecodomainelareverie.com - €€€.*

VILLARS-FONTAINE

La Karrière

Cette carrière de pierre a entamé une seconde vie : des graffitis gigantesques sur les parois et des sculptures l'ont transformée en un lieu complètement magique qui accueille l'été un festival à la réputation croissante et de nombreux autres événements. *Sur la D 25, à 2 km de Villars-Fontaine - .*

VOLNAY

Le Cellier volnaysien

Traversez le petit jardin fleuri planté d'arbres rares et découvrez cette belle maison du 18e s. avec son perron et ses caves voûtées. Une des trois salles à manger est aménagée dans la cuverie. On y sert une cuisine locale simple et des vins du château de Savigny à prix très sages. *2 pl. de l'Église - www.restaurant-lecelliervolnaysien.com - €€.*

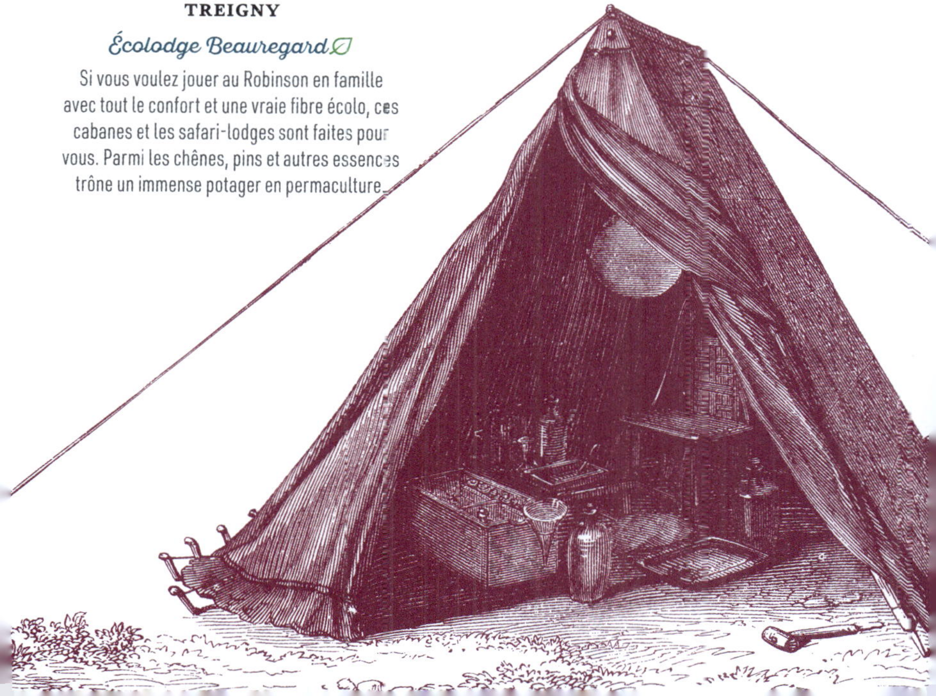

ITINÉRAIRE 7 - LORRAINE

3 JOURS - 220 KM

NANCY > DELME > RHODES > ABRESCHVILLER >
BADONVILLER > RICHARDMÉNIL > NANCY

Dîne
avec les
loups

1re Étape

DÉPART DE NANCY

Après le petit café qui s'impose place Stan pour les intimes, autrement dit **place Stanislas★★★**, quittez **Nancy★★★** et toutes ses merveilles vers le nord. À **Delme**, il se trouve une **synagogue**, dont l'architecture de temple oriental s'inscrit sur la grande rue centrale, de façon d'autant plus incongrue qu'elle est épaulée par une *Gue(ho)st House* tout droit sortie de *SOS Fantômes*. Vous ne trouverez, en entrant, ni sanctuaire, ni communauté de fidèles, ni culte, mais un **centre d'art contemporain**, le CAC (rien à voir avec les patrons). L'effet *white cube* est saisissant et la programmation plébiscitée. *33 r. Poincaré - cac-synagoguedelme.org*

DÉJEUNER À DELME

À deux pas du CAC, la salle un peu cantine du restaurant **À la 12** est ouverte sur un jardin où poussent les plantes que vous retrouverez à table. L'assiette n'est pas du tout cantine, ce qui la rend encore meilleure. Elle est même tout le contraire, fraîche et colorée. Familière mais jamais vue. *6 pl. de la République - ala12.fr - €€/€€€.*

Vous arrivez en **Saulnois**, pays des étangs et du sel. Depuis la nuit des temps, on court après l'« or blanc ». C'était avant le frigo. L'instructif **musée départemental du Sel** de **Marsal** *(www.mosellepassion.fr)* est installé dans une porte fortifiée qui prouve en soi que les souverains ne plaisantaient pas avec le sel, lequel, on le sait, représentait par la taxe une importante source de revenus. Aujourd'hui, on taxe tout, c'est plus simple. Un **sentier de découverte** *(env. 45mn)* vous signale divers aspects d'un biotope qui ne manque pas de sel, en particulier la présence de la flore halophile. Nous, on ne savait pas que la salicorne poussait en Lorraine. Poursuivez votre épopée salée par les **Salines royales** de **Dieuze**, où un manège à chevaux a été reconstitué. Pas de doute, le manège est plus sympathique lorsqu'il est associé à la barbe à papa. Ici, on y attelait des chevaux afin d'extraire l'eau saumâtre . C'est ce qui s'appelle tourner en rond. *www.salinesroyales.fr*
Enfin, entrez dans le **parc animalier de Ste-Croix★★**. Sur 120 ha, les animaux vivent en semi-liberté. Paradoxe que ces animaux enfermés et préservés à la fois, dans un effort louable mené par certains zoos aujourd'hui. Et si on arrêtait plutôt de les faire disparaître ailleurs ? Vous verrez donc des animaux sauvés de l'extinction, des grands carnivores, des grands herbivores, et quelques spécimens parmi les 130 espèces vivant dans le parc. *parcsaintecroix.com*

DÎNER ET NUIT À RHODES

La balade peut s'achever dans un **lodge**, par exemple à proximité des loups. De grandes baies vitrées vous offrent tout loisir de les observer de votre salon ou de votre lit. À moins que ce soit eux qui vous observent ? Vous pouvez préférer entendre les cerfs bramer à l'automne. Et pour dîner, toute une panoplie de **restaurants** s'offre à vous. *www.parcsaintecroix.com - €€/€€€.*

À VOIR AUSSI

À la **Villa Majorelle★**, vous retrouverez le motif monnaie-du-pape dans le vestibule, et aussi sous la charpente et sur le grand vitrail de la cage d'escalier. Des petites touches blanches qui foisonnent sans menacer. Un magnifique principe de vie. *1 r. Louis-Majorelle - musee-ecole-de-nancy.nancy.fr.*

ALTERNATIVE

À Nancy, des tartines, des mâchons et des vins dans une cave du 17e s. ? C'est chez **Vins et Tartines**. *27 r. des Ponts - www.vins-et-tartines.com - €.*

PREMIER GRAIN DE SEL

Comme son nom l'indique, le Saulnois est le pays du sel. Correspondant à la partie médiane de la vallée de la Seille, il est parsemé de mares à la salinité élevée. La saumure est issue de couches de sel déposées il y a des millions d'années après l'évaporation des mers. Elle remonte en surface par des fissures dans la roche mère calcaire.

2e Étape

DÉPART DE RHODES

Naviguer sur une péniche, c'est très reposant, passer une écluse, c'est très amusant, mais en passer plus, c'est une vraie punition, surtout quand il faut en traverser 17 à la suite pour franchir un obstacle de 45 m. Le **plan incliné de St-Louis-Arzviller★** est un moyen ingénieux, et unique en Europe, d'échapper à la journée de pensum : un ascenseur décroche un petit bout du canal, y compris l'eau et le bateau dessus, et monte (ou descend) cette piscine momentanée en 4mn. Il faut le voir pour le croire *(Rte du Plan-Incliné - www.plan-incline.com)*. Au passage, si vous grimpez sur le **rocher de Dabo★**, qui émerge à 664 m de l'immense forêt vosgienne, vous verrez au loin le pays des étangs d'où vous venez. Sous l'église, la terrasse de la **Chouette d'or** est vraiment chouette pour avaler une salade, perché sur la canopée. *www.la-chouette-dor.fr - €/€€.*

DÉJEUNER À ABRESCHVILLER

Jolie surprise que cette grosse auberge gastronomique, le dos tourné à la route, pour mieux s'ouvrir sur un beau jardin. Foie gras, risotto, filet de bœuf ou ris de veau, des classiques bien cuisinés. **Auberge de la Forêt** - *276 r. des Verriers - Lettenbach - www.aubergedelaforet57.com - €€/€€€.*

On vous emmène au Canada. À la construction de son barrage, le **lac de Pierre-Percée** s'est installé dans plusieurs vallons qui lui donne un dessin de feuille d'érable. Mais là n'est pas le seul rapprochement à établir avec nos amis outre-Atlantique. La forêt, autour de ses longs bras d'eau qui s'enfoncent dans la verdure et l'absence de constructions, vous plonge dans un espace naturel qu'il n'est pas courant de croiser dans nos contrées. Seuls troublent la quiétude des lieux, dans des endroits circonscrits (moteurs thermiques interdits), les paddles et autres inventions tractées sur l'eau. Pour le reste, un **sentier de randonnée** fait paisiblement le tour du lac où les oiseaux se laissent observer.

DÎNER ET NUIT À BADONVILLER

Puisque nous sommes dans l'ambiance canadienne, dormez au bord du lac dans une cabane en rondins, éco- et joliment conçue avec les artisans du coin. Vraiment dans les bois, et vraiment au calme. Nous, on a commandé une volaille en cocotte qui est arrivée dans un panier-repas, mais vous pouvez venir avec vos provisions. Vous pouvez même arriver à cheval, il y a des paddocks à disposition. Pensez à réserver la botte de foin si vous ne voulez pas partager votre cocotte avec votre cheval. **Les Cabanes du lac de Pierre-Percée** - *La Galisière - www.les-cabanes-du-lac-de-pierre-percee.fr - €€€€.*

À VOIR AUSSI

Au **musée Georges de La Tour de Vic-sur-Seille**, saint Jean Baptiste a l'air un brin découragé. C'est ce qui rend ce tableau★ si touchant, sans doute un des derniers du peintre qui a vu la Lorraine ravagée par la guerre et son atelier disparaître en fumée. *Pl. Jeanne-d'Arc - www.mosellepassion.fr*

À VOIR AUSSI

La **Voie verte de la vallée de la Plaine** parcourt 27 km (dont 17 km en site propre) entre Raon-L'Étape et Raon-sur-Plaine, dans une magnifique vallée vosgienne, au cœur du massif forestier du Donon. On suit la Plaine (une rivière) dans les sous-bois.

PLACE STANISLAS, NANCY

ALTERNATIVE

Depuis quatre générations, l'**hôtel des Lacs** tient ses chambres au cordeau et propose au restaurant une bonne cuisine des campagnes. *2 pl. de l'Église - Celles-sur-Plaine - www.hotel-des-lacs.fr - €.*

ADRESSE

À **Baccarat**, on fabrique toujours du cristal et du verre. Vous en saurez plus en visitant le **musée★** et la boutique. Pas de tarif usine sur vos verres Harcourt 1841 à 220 € pièce, n'essayez pas. *13 rue du Port - www.baccarat.com*

SECOND GRAIN DE SEL

Nous, on aime le **sel de mer**, et surtout la fleur de sel, iodée, qui a éclos avec le soleil au bord de la mer, et qui craque sous le doigt. On peut aussi apprécier le sel gemme, emprisonné sous la roche, comme le sel rose de l'Himalaya. On parle alors de **sel raffiné**. Il est obtenu par dissolution et évaporation, ce qui lui donne une grande pureté. Quel que soit votre goût, ne salez pas trop. Pas bon pour la circulation.

À VOIR AUSSI

Dans le contexte peu glorieux du protectorat français au Maroc, **Hubert Liautey** aura été un bâtisseur. Visitez son **château** à Thorey, où le maréchal passa les dernières années de sa vie. Si l'on parvient à faire abstraction du passé douloureux qu'il évoque, il faut avouer que son **Salon marocain★**, situé en pleine Lorraine, est une pure merveille. *12 r. du Mar.-Lyautey - lyautey.fr*

3e Étape

DÉPART DE BADONVILLER

Après cette grande respiration, on repart à la mine. C'est que le gisement salifère lorrain se divise en deux : à l'est, celui que nous avons déjà visité, à l'ouest, celui de **Varangéville**. Ici, il est (encore) exploité en tapant directement dans la veine à 160 m de profondeur. On descend donc très loin dans les entrailles de la Terre jusqu'aux immenses galeries-cathédrales de la **mine**. Quelques centaines de boyaux où il ne fait pas bon s'égarer, d'où sont extraits à l'explosif des tonnes de sel, essentiellement destinés à saler les routes, à nourrir les animaux et aussi un peu à assaisonner votre assiette. On ne vous proposera pas d'aller placer vous-même les détonateurs, ni d'appuyer sur le bouton, mais un film et un musée vous racontent tout ça dans le détail. Dans cette couche de sel de 90 m d'épaisseur, sur une grande table en sel, on vous proposera de déjeuner avec les couverts des mineurs. On devient une sorte d'humain en croûte de sel, à faire au moins une fois dans sa vie. *www.visiteminedevarangeville.com*

DÉJEUNER À RICHARDMÉNIL

Ouf, on respire. Et plutôt que déjeuner chez les mineurs, allez au **Bon Accueil** ☺, au bord du canal de l'Est, voir comment les Lorrains savent marier gastronomie et bonne humeur. L'été, sous les deux marronniers, les tables sont sorties. Les assiettes sont aussi jolies que gourmandes. *18 r. de Messein - www.aubonaccueil-restaurant.com - €€/€€€.*

Ne voyagez pas comme une valise, grimpez sur la colline de **Sion-Vaudémont★★**. Avec sa forme de fer-à-cheval, elle vous portera bonheur. La **Cité des paysages** a pour saine vocation de vous connecter avec votre environnement, au sens large. L'endroit panoramique est parfaitement choisi, d'autant que la cité a pris ses quartiers dans les amples bâtiments d'un couvent. Abreuvé d'explications, on en tire profit en se promenant dans le verger ou en profitant de la **vue★** sur la terrasse-belvédère *(13 r. Notre-Dame - Saxon-Sion - citedespaysages.meurthe-et-moselle.fr)*. Et pour parfaire votre sentiment de nature tout neuf, accédez au sommet du **signal de Vaudémont★★** (541 m) où s'élève un monument au Lorrain Maurice Barrès. Devant tant de beauté lorraine, peut-être penserez-vous, comme lui, qu'on n'est jamais si heureux que dans l'exaltation. Retournez place Stan à **Nancy★★★**, c'est là que tout se passe, en espérant que vous ne tomberez pas un soir de mapping vidéo, cette folie qui ajoute de la folie aux villes.

DÎNER ET NUIT À NANCY

Une fois que vous aurez fini de l'admirer, sortez de la place, côté Opéra. La **Maison dans le Parc** ✿ est vraiment dans un parc, au cœur de Nancy. L'été, les tables sont dressées sur la terrasse pour mieux accueillir les agrumes et les saveurs asiatiques qui accompagnent les plats *(3 r. Ste-Catherine - lamaisondansleparc.com - €€€€)*. Terminez votre séjour dans un hôtel particulier aménagé autour d'une agréable cour jardin. **Hôtel de Guise** - *18 r. de Guise - hoteldeguise.com - €.*

Et si on allait voir plus loin

Notre sélection de sites, adresses, expériences insolites en dehors de l'itinéraire

ÉPINAL

L'Imagerie d'Épinal★

Dans les ateliers de l'**Imagerie d'Épinal**, découvrez les techniques de fabrication, avec démonstration sur certaines machines (machine à colorier de 1898) et utilisation d'une tablette faisant parler les images. La xylographie, la stéréotypie, le coloris au pochoir et la lithographie n'auront plus de secret pour vous. À la fin de la visite, flânez dans la galerie Pinot, le seul et unique point de vente des images d'Épinal (rééditions ou créations d'images contemporaines). Musée en face

42 bis quai de Dogneville - www.imagesdepinal.com

FONTENOY-LA-JOÛTE

Village du livre

Dans ce village typiquement lorrain, d'anciennes fermes étroites et hautes ont été transformées en librairies pour former le **Village du livre**. On y trouve aussi un calligraphe, un artisan du métal et un restaurant. Au nord du village, la chapelle St-Pierre, du 13e s., marque la séparation entre le Bassin parisien et le massif des Vosges.

www.villagedulivre54.fr

LINDRE-BASSE

Étang de Lindre★ - Sentier des paysages

Ce sentier de découverte ornithologique rejoint la presqu'île de Tarquimpol. Depuis la digue et plusieurs **observatoires** aménagés dans la forêt le long de l'étang, on peut observer quelques-unes des 251 espèces d'oiseaux qui y résident (sur les 300 recensées en Lorraine). Ce sentier, entre forêts et roselière, offre de magnifiques **panoramas★**.

Dép. de la digue - www.domainedelindre.com

LUNÉVILLE

Château★

De 1702 à 1729, Lunéville fut le séjour favori de Léopold et Élisabeth-Charlotte, duc et duchesse de Lorraine. Grand admirateur du Roi-Soleil, Léopold fit construire à Lunéville une réplique de Versailles. En plus petit. Plus tard, Stanislas, beau-père de Louis XV, établit ses quartiers à Lunéville, où il reçut scientifiques, musiciens et hommes de lettres (Voltaire, Montesquieu, Saint-Lambert, Helvétius).

Pl. de la 2e-Div.-de-Cavalerie - chateauluneville.meurthe-et-moselle.fr

METZ

Cathédrale St-Étienne★★★

La cathédrale gothique s'impose par l'harmonie de ses élévations. Elle est impressionnante pour deux raisons principales : la hauteur de sa **nef** (41,77 m), soit le plus haut vaisseau de France après le chœur de Beauvais et la nef d'Amiens, et la surface de ses **vitraux★★★** (6 496 m²). On parle d'une « cathédrale vitrail ».

ROZELIEURES

Maison de la mirabelle

La maison retrace l'histoire de l'arbre et du fruit : sa culture, la récolte, les dérivés et sa commercialisation. Un son et lumière aborde les dernières innovations techniques.

16 r. du Capit.-Durand - maisondelamirabelle.com

SARREBOURG

Parcours Chagall★

La **chapelle des Cordeliers** est éclairée, sur sa façade ouest, par un immense **vitrail★** de Marc Chagall, *La Paix*, haut de 12 m et large de 7,50 m. Composé de 13 000 pièces de verre, le vitrail pèse 900 kg. Dans le jardin attenant à la chapelle, de vastes cubes de verre font écho aux vitraux et rendent hommage à l'artiste.

www.sarrebourg.fr/parcours-chagall

ST-DIÉ-DES-VOSGES

Jardins de Callunes

En plein sur la ligne de front en 1914, ces jardins occupent l'emplacement d'une carrière, transformée en décharge avant d'être réhabilitée en parc botanique paysager. Sur 4 ha se côtoient 230 variétés de bruyères, des collections de rhododendrons, d'azalées, de plantes vivaces, d'érables.

5 ch. de la Prelle - www.lesjardinsdecallunes.fr

VECKRING

Gros ouvrage du Hackenberg★

Sous 160 ha de forêts est tapi le plus gros des ouvrages de la ligne Maginot. Comptant 2 blocs d'entrée et 17 blocs de combat, ses installations pouvaient abriter 1 200 hommes. Tout est colossal : l'écrasante porte « parasouffle », la gare centrale avec ses hautes voûtes, les galeries vides, la monumentale usine électrique évoquent une Métropolis vaine et dépassée.

www.maginot-hackenberg.com

ITINÉRAIRE 8 - FRANCHE-COMTÉ

4 JOURS - 284 KM

NANS-SOUS-STE-ANNE > SALINS-LES-BAINS > BESANÇON > NANCRAY > CLÉRON > VILLERS-LE-LAC > GOUMOIS > SOCHAUX > RONCHAMP

Douceurs salines au bord du Doubs

L'OR BLANC

Entre 250 et 65 millions d'années avant notre ère, la mer recouvrait une partie de l'actuelle Franche-Comté. En se retirant, elle laissa d'importants dépôts salins qui s'enfoncèrent dans le sol, formant des gisements de sel appelés sel gemme. C'est ainsi que cette ressource fit vivre des générations de sauniers, commerçants et forgerons dans la région et que de nombreux toponymes aux alentours évoquent le sel.

BESANÇON - PALAIS GRANVELLE

ALTERNATIVE

Si vous préférez un restaurant plus familial, direction le **Bleu de Sapin** : une cuisine jeune et créative dans l'air du temps, des produits locaux et de qualité, des saveurs multiples ! On imagine bien pourquoi c'est souvent complet, alors pensez à réserver si vous voulez, vous aussi, vous régaler. *7 r. Richebourg - www.bleudesapin.fr - €€.*

1re Étape

DÉPART DE NANS-SOUS-STE-ANNE

Elle se cache, se dévoile en jaillissant de grottes dans les falaises, puis disparaît sous terre : le **Lison** est une rivière vraiment surprenante. Près de Nans-sous-Ste-Anne, on peut pénétrer dans la caverne d'où jaillit sa **source★★**, au pied d'une colline. Un peu plus loin dans les sous-bois, le **Creux Billard★★** apparaît. Une lumière étrange règne dans ce cirque profond de plus de 50 m, qui offre un « regard » sur le cours souterrain du Lison, dont la source « officielle » sort de la grotte voisine. En conclusion de cette belle matinée, cap sur le **musée de la Taillanderie★**, ferme-atelier du 19e s. où vous découvrirez une activité oubliée : la production d'outils agricoles. *Creux de La Doye - www.museedelataillanderie.fr*

DÉJEUNER À SALINS-LES-BAINS

Dans la région de l'or blanc, quoi de mieux que de déjeuner dans un ancien grenier à sel ? Au menu du bistrot **Le Petit Blanc**, pas de plats trop salés, absolument pas, mais des spécialités jurassiennes et lyonnaises : coq au vin jaune, escalope franc-comtoise, filet de truite du Jura sauce champagne, etc. Des produits frais, soigneusement choisis et préparés. *1 pl. des Alliés -* ✆ 03 84 73 01 57 - €.

Salins-les-Bains★ cache ses trésors au bord de la Furieuse, à quelques dizaines de mètres sous terre... C'est donc là qu'il vous faut descendre ! La visite du **musée du Sel** et de la **Grande Saline★★**, inscrite au patrimoine mondial de l'Unesco, se déroule dans les monumentales galeries souterraines, longues de 200 m. Si l'exploitation de sel a cessé en 1962, vous pouvez tout de même revivre la dimension millénaire de cette activité en Franche-Comté grâce à des films d'archives et une vaste collection d'objets techniques, comme les deux puits et leur système de pompage, toujours en état de marche !

DÎNER ET NUIT À BESANÇON

Cap sur Besançon pour la soirée. Comme au déjeuner, vous prendrez votre repas dans un bâtiment transformé : l'**Hôtel le Sauvage** est logé dans un couvent, au pied de la citadelle, dont le parquet d'origine a été conservé. Délicatesse, calme et sobriété. Certaines chambres disposent d'une terrasse, d'autres d'une vue sur le jardin. La suite, dans l'ancienne chapelle, bénéficie d'une atmosphère toute particulière.

Le **restaurant** est tenu par un jeune chef inventif et prometteur. Une cuisine raffinée et gourmande, qui transcende les produits. L'été, on dîne sur la terrasse face au jardin pour une parenthèse enchantée en plein de cœur de Besançon. *6 r. du Chapitre - www.lesauvage-besancon.fr - €€€.*

2ᵉ Étape

MATINÉE À BESANÇON

Ce matin, imprégnez-vous de l'atmosphère culturelle de **Besançon★★**. Flânez dans la **vieille ville★★** à la recherche de ses façades Renaissance et de ses beaux hôtels particuliers, grimpez à la conquête de la fière **citadelle Vauban★★** ou admirez les témoins de son riche passé au **musée des Beaux-Arts★★**. Vous n'aurez sans doute pas le temps de tout voir avant votre voyage dans le passé au musée à ciel ouvert de Nancray. Pas grave, vous reviendrez! Les **Maisons comtoises★** sont une véritable reconstitution de la vie à l'époque des Comtois du 17ᵉ au 19ᵉ s. Atelier tressage d'osier, stages de feutrage ou de travail du cuir, visite guidée ou visite gourmande : le site ne lésine pas sur la programmation culturelle pour nous faire revivre le passé. Pour notre plus grand bonheur! *R. du Musée - www.maisons-comtoises.org*

DÉJEUNER À NANCRAY

Le lieu est si captivant qu'on n'a pas envie de repartir... Ça tombe bien, le **restaurant** sur place propose une cuisine qui mise sur les produits paysans, frais et locaux. Pari réussi! De délicieux plats faits maison, le tout dans une ambiance conviviale. €.

Tiens, une méduse! Et là, la tour de Pise! Avez-vous vu ces sapins? Le **plafond★** de stalactites du **gouffre de Poudrey** jouera avec votre imagination tant leurs formes sont évocatrices. Un vêtement chaud sur le dos, descendez les 150 marches vous portant à 70 m sous terre. Un spectacle de musique et lumière durant la visite commentée sublime stalactites et stalagmites.
1 lieu-dit Puits-de-Poudrey - www.gouffredepoudrey.com
De nouveau à l'air libre, explorez la « petite Venise comtoise ». **Ornans★** est renommée pour ses maisons sur pilotis et ses ponts qui se déploient au-dessus de la Loue. Sachez aussi qu'elle est la ville natale du maître du réalisme, **Gustave Courbet** : sa maison accueille un **musée★** consacré à son parcours et à son œuvre.
1 pl. Robert-Fernier - www.musee-courbet.fr

DÎNER ET NUIT À CLÉRON

Le thème du dîner? Le fromage! Au **Hameau du fromage,** on peut visiter les salles de fabrication de cette fromagerie-restaurant. L'ensemble est chaleureux et authentique, et les petits plats du terroir toujours bien garnis. Surprenant mais vrai, quelques plats sans fromage complètent la carte des fils Perrin.
« Zone artisanale » - www.hameaudufromage.com - €.
Rejoignez le **Jardin de Gustave** pour la nuit. Cette maison d'hôte de caractère vous réservera un accueil des plus sympathiques. Le petit plus? Des canoës sont mis à votre disposition pour un petit tour sur la Loue! Les chambres baptisées Champêtre et Gustavienne ouvrent d'ailleurs leurs fenêtres sur le jardin et la rivière.
28 r. Édouard-Bastide - www.lejardindegustave.com - €€.

FAIRE ET DÉFAIRE...

Les 35 maisons et bâtiments du **musée des Maisons comtoises** ont été démontés, transportés et reconstruits fidèlement afin de créer cet ensemble rural surprenant. Si le but du site est de présenter le mode de vie passé, son objectif est aussi celui de faire réfléchir le public sur son propre mode de vie, sa relation à la nature et la société actuelle. À méditer.

À VOIR AUSSI

Attention, dinosaures en liberté au **Dino-Zoo** ! Au détour des vallons du parc de 12 ha, on tombe nez à nez sur des scènes plus vraies que nature, comme l'attaque de l'iguanodon par les deinonychus. Heureusement, au contraire de *Jurassic Park*, pas d'expériences étranges dans de mystérieux laboratoires: simplement la passion de Guy Vauthier pour la paléontologie qu'il souhaite partager. *R. de la Préhistoire - www.dino-zoo.com*

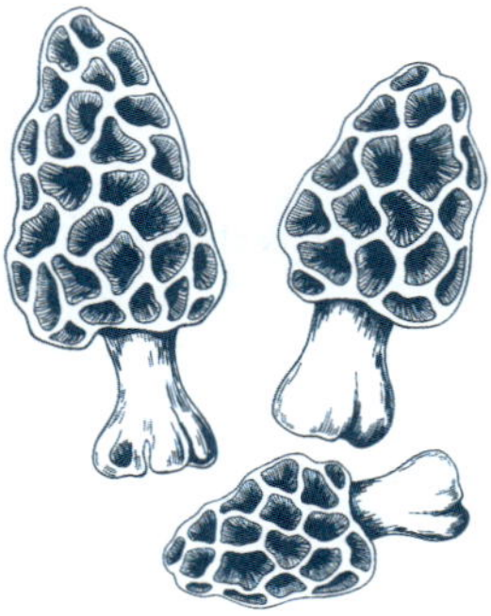

ALTERNATIVE

Entre Morteau et La Chaux-de-Fonds, le chef Hugues Droz fait honneur à l'hospitalité franc-comtoise, héritée de son père qui la tenait lui-même de ses parents. Au restaurant **Le France**, la cuisine moderne s'anime parfois autour de repas thématiques, à l'image de ce menu dédié à la morille : le champignon accompagne le mangeur jusqu'au dessert. *8 pl. Maxime-Cupillard - Villers-le-Lac - www.hotel-restaurant-lefrance.com - €€€.*

À VOIR AUSSI

Le pays horloger se devait de rendre hommage à la montre : le beau musée **L'Ébauche★** en retrace l'histoire depuis le 17e s. Montres religieuses, en forme de crâne ou montres coquines... Le musée sait aussi rester à l'heure avec des prototypes de montre ordinateur et télévision. *R. Berçot - Villiers-le-Lac - www.pays-horloger.com - juin-sept.*

3e Étape

DÉPART DE CLÉRON

Cap sur le **Grand Taureau★★** : le **panorama★★** se développe sur les chaînes parallèles du massif du Jura, jusqu'en Suisse *(2,5 km)*. Et voilà trois Républiques en un coup d'œil ! Quelle est la troisième, nous demanderez-vous ? Il s'agit d'une juridiction bien particulière : la **République du Saugeais**, autour de **Montbenoît★**. Les Saugets ont bien évidemment leur président, leur hymne, leur drapeau et aussi leur patois, leurs coutumes : en somme, leur propre identité ! La sécurité des frontières de ces 11 communes est assurée par trois douaniers mobiles : « Vos passeports, s'il vous plaît ! » Cette formalité folklorique sur demande est aussi surprenante que divertissante. Avant de quitter ce territoire, ne manquez pas d'admirer les magnifiques **stalles de bois★★** de l'**abbaye★** de Montbenoît, chargée d'histoire.

DÉJEUNER À VILLERS-LE-LAC

Jetez-vous à l'eau et tentez cette expérience gastronomique... Réservation obligatoire pour déguster une cuisine exquise à bord de l'un des trois **Bateaux-restaurants du saut du Doubs**, « Le Milan Royal », « Le Cristal » et « L'Odyssée », en contemplant un paysage exceptionnel. Une escale entre le plat et le dessert vous permet même de visiter la chute du **saut du Doubs★★★** : un vrai spectacle !
Les Terres Rouges - www.sautdudoubs.fr - €€€.

L'après-midi se poursuit le long de la frontière franco-suisse. Rassemblez votre courage pour franchir les **Échelles de la Mort★★**. Après une rude montée en sous-bois d'une dizaine de minutes commence l'ascension de ces barreaux de fer – rassurez-vous, ils n'ont désormais de mortel que le nom, mais faites tout de même attention par temps humide. La **vue** sur les gorges du Doubs, 100 m plus bas, est grisante. Poursuivez ce périple surplombant la vallée du Doubs par la **Corniche de Goumois★★**. Versants abrupts boisés et prairies pentues offrent des points de vue pittoresques.

DÎNER ET NUIT À GOUMOIS

Sur la corniche même, l'**hôtel Taillard** abrite, selon l'envie, des chambres personnalisées ou plus sobres. Le regard se perd dans les verts paysages du parc et par-delà les cimes des montagnes franco-suisses durant l'attente entre la commande et l'arrivée des plats, classiques mais savoureux, de cet élégant restaurant franc-comtois.
3 rte de la Corniche - www.hotel-taillard.fr - €€.

DÉPART DE GOUMOIS

Quelle beauté nous offre la nature au réveil ! Mais aujourd'hui, on rejoint des centres un peu plus industriels, notamment le faubourg de **Sochaux**. Une question se pose. Êtes-vous prêt à pénétrer dans l'antre du lion ? Le lion, l'emblème de Peugeot, qui propose de remonter le temps au **musée de l'Aventure Peugeot★★**. Outils, moulins, objets du quotidien, affiches publicitaires, mais surtout voitures : sont exposés tous les modèles qui ont accompagné l'évolution de la société française, comme la 201, celle qui inaugure le célèbre système de numérotation à trois chiffres ! *Carrefour de l'Europe - www.laventureassociation.com - €€€.*

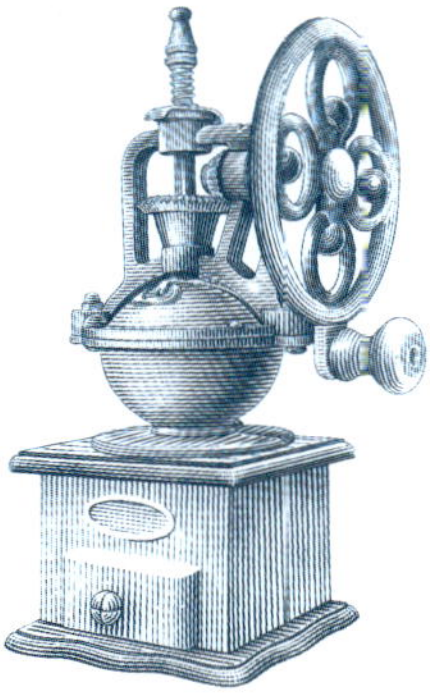

DÉJEUNER À SOCHAUX

Au cœur même des collections, la **brasserie du musée de l'Aventure Peugeot** propose une cuisine sympathique. On apprécie particulièrement le cadre dépaysant ! €.

Profitez de l'après-midi pour mieux connaître la ville de **Montbéliard★**, un repère au cœur de cette agglomération bouleversée par son incroyable développement économique et industriel. L'office de tourisme *(1 r. Henri-Mouhot - www.paysdemontbeliard-tourisme.com)* propose des visites insolites de la ville : une aubaine pour découvrir tout son patrimoine et son histoire avec un guide du coin ! Poussez ensuite jusqu'à l'étonnante **chapelle N.-D.-du-Haut-de-Ronchamp★★** imaginée par Le Corbusier. Difficile de rester de marbre face à la pureté lumineuse qui se dégage de ce lieu sacré !
3 r. de laChapelle - www.collinenotredameduhaut.com

DÎNER ET NUIT À RONCHAMP

Ambiance détente pour ce dernier soir, et c'est bien mérité ! Dans la belle **maison d'hôtes du Parc**, entourée d'un parc et d'une rivière, le calme est réconfortant. Antiquités, instruments de musique et tissus meublent avec raffinement pièces communes et chambres. Choisissez l'une des 5 chambres en fonction de l'ambiance que vous préférez ! Le **restaurant** est tout aussi élégant, pour un dîner complet et goûteux, préparé à base de produits de saison.
12-14 r. du Tram - www.hotesduparcronchamp.com/fr - €€.

ALTERNATIVE

Si vous recherchez un lieu haut de gamme, le **St-Martin** de Montbéliard vous tend les bras. Olivier Prevot-Carme signe une cuisine riche en parfums, où le produit est roi. Pas de superflu, mais une justesse des recettes, cuissons et assaisonnements qui rehausse la saveur de chaque ingrédient. Rien de prétentieux, rien de compliqué... que du plaisir ! *1 r. du Gén.-Leclerc - www.le-saint-martin.fr - €€€.*

À VOIR AUSSI

Initiez-vous à la culture scientifique et technique sous la houlette d'un animateur scientifique en participant aux diverses animations du **Pavillon des Sciences** : des expériences étonnantes et accessibles à tous pour rendre la science amusante ! *1 imp. de la Presqu'île -Montbéliard - www.pavillonsciences.com*

Et si on allait voir plus loin

Notre sélection de sites, adresses, expériences insolites en dehors de l'itinéraire

ARC-ET-SENANS

La Saline royale★★

Alors que l'heure des visites est passée, restez dans le cadre somptueux de la Saline royale et passez la nuit dans les chambres aménagées par l'architecte Jean-Michel Wilmotte. Vous aurez alors la chance, rare, d'être, soir ou matin, quasiment seul sur le site.
Grande-Rue - www.salineroyale.com

BEAUCOURT

Musée Japy

Marchez sur les pas de Frédéric Japy, industriel de génie qui inventa les premières machines pour la fabrication de montres, jusqu'alors réalisées entièrement à la main. Son atelier d'horlogerie, qui abrite aujourd'hui le musée, a été créé en 1777 et entraîna durant 180 ans le développement industriel de la région.
16 r. Frédéric-Japy - www.belfort-tourisme.com

BAUME-LES-MESSIEURS

Cirque de Baume★★★ et Échelles de Crançot★★★

Grandiose, spectaculaire, impressionnant ! Ce site naturel est exceptionnel. Après avoir admiré le cirque depuis les points de vue, empruntez les **Échelles de Crançot** qui conduisent au fond de l'amphithéâtre naturel et aux **grottes★**. La descente de ce sentier coupé en marches taillées dans le roc est un peu difficile, mais c'est pourtant l'itinéraire que suivaient régulièrement les moines de l'abbaye.
Près du Belvédère des roches de Baume, D 471.

BOIS D'AMONT

Musée de la Boissellerie

Un musée étonnant, installé dans une scierie, qui met en avant cette activité traditionnelle de la région. Le village a longtemps été spécialisé dans le travail du bois, en particulier de l'épicéa. Les différents métiers du bois, en particulier celui de boisselier (fabrication de boîtes), sont ici évoqués.
12 r. du Petit-Pont - www.museedelaboissellerie.com

CERDON

Grottes du Cerdon

Un parc de loisirs préhistoriques, ça vous tente ? Des activités et ateliers divers et variés sont proposés : fabrication de parures préhistoriques, fouilles archéologiques, tir au propulseur, etc. L'environnement est très agréable : des sentiers, une forêt, des grottes avec de belles stalactites et même un lac souterrain.
Col de Cerdon - Labalme - www.grotte-cerdon.com

Cuivrerie de Cerdon★

Comment se passe la fabrication des pièces de cuivre ? Familiarisez-vous avec l'activité de cette ancienne cuivrerie. Sur votre passage, des machines en état de marche pourront se déclencher ! Emboutissage, martelage, étamage, dinanderie, polissage : des mots qui, bientôt, auront acquis un vrai sens à vos yeux.
Au bout de la rue de la Cuivrerie - www.cerdonvalleedelain.fr

DOLE

Maison de Louis Pasteur★

Vous n'y connaissez rien en chimie ? Palliez cette lacune dans les dernières salles de la maison natale de Louis Pasteur. Au programme, un *serious game* pour tester vos connaissances par le biais de multiples expériences !
43 r. Pasteur - www.terredelouispasteur.fr

FORÊT DE JOUX

Sapin Président★

C'est une tradition dans le Jura : chaque forêt doit avoir son arbre président, et ce depuis 1897 ! Ces arbres exceptionnels, parfois bi voire tricentenaires, mesurent plus de 40 m de haut et leur diamètre est souvent supérieur à 1 m. Allez voir celui, immense, de la forêt de Joux.
Le site se situe non loin du Belvédère des Chérards.

LAMOURA

Gaïa Loisirs

Pour être au plus près de la nature, osez une nuit insolite : vous dormirez dans des filets suspendus au milieu des arbres de la forêt jurassienne ! Depuis votre sac de couchage, vous pourrez admirer en toute quiétude le ciel étoilé... *Ch. des Éterpets - Le Lanchet - www.gaialoisirs.fr*

LES ROUSSES

Arbez Franco-Suisse

Bienvenue en principauté d'**Arbézie** ! Ce nom fut donné par Edgar Faure à cet hôtel unique construit sur la frontière, tenu par la famille Arbez depuis 4 générations. Si vous dormez dans l'une des chambres, vous aurez peut-être la tête en Suisse et les pieds en France !!
601 r. de la Frontière - La Cure - 1,5 km au sud-est des Rousses - www.arbezie.com

LONS-LE-SAUNIER

Maison de la Vache qui rit

Qui ne connaît pas cette tête rigolarde qui a amusé tant d'enfants et accompagné tant de randonneurs ? Découvrez l'histoire de cette charmante vache – ou plutôt de ce fromage crémeux, enfin un peu des deux – dans sa première usine de fabrication.
25 r. Richebourg - www.lamaisondelavachequirit.com

MONTÉCHEROUX

Musée de la Pince★

L'illustre passé de Montécheroux, qui se spécialisa en 1790 dans la production d'outils d'horlogerie, est conté dans cet étonnant musée. Des pinces, des plus usuelles aux plus insolites, sont présentées, de même qu'une forge reconstituée, en état de marche.
www.museedelapince.fr - visite guidée sur demande préalable (1h).

MOREZ

Musée de la Lunette★

Que vous ayez ou non des problèmes de vue, ce grand bâtiment consacré à l'industrie de la lunette est vraiment captivant ! Il met en avant le patrimoine industriel local avec les lunettes d'hier et d'aujourd'hui, un instrument de prothèse optique devenu aussi accessoire de mode.
Pl. Jean-Jaurès - www.musee-lunette.fr

PLAGNE

Dinoplagne★

Laissez le Jura et imaginez-vous sur une plage tropicale, le soleil est haut et… vous êtes entouré de dinosaures ! Le casque de réalité virtuelle vous aidera à vous y croire et vous verrez passer de très près le sauropode géant de 40 t qui est passé par là il y a 150 millions d'années, laissant les marques de ses gigantesques pattes sur 155 m.
Lieu-dit sur la Croix (D 49) - www.dinoplagne.fr

PRÉMANON

Espace des mondes polaires Paul-Émile Victor

Plongez au cœur de la banquise dans ce musée-patinoire-jardin. Oui, oui, tout ça en même temps, pour une immersion dans les écosystèmes polaires, le froid et la nuit polaire, les peuples de l'arctique, les conquêtes et recherches polaires. Le bâtiment, créé par des architectes jurassiens, a été conçu comme une base d'expédition polaire en respectant les normes environnementales et en visant une autonomie d'énergie et un faible impact écologique.
146 r. Croix-de-la-Teppe - www.espacedesmondespolaires.org

ST-ANTOINE

Fort St-Antoine

Il vous faudra bien pencher la tête en arrière pour embrasser la montagne de **meules de comté**. Mises les unes sur les autres, ces 100 000 meules formeraient une pyramide plus haute encore que l'Everest ! Prenez une petite veste pour la visite de cet ancien fort militaire, maintenu à basse température. Vous dégusterez bien sûr ce fromage, affiné 14 mois en moyenne.
www.comte-petite.com - visite guidée sur demande préalable (1h30).

ST-CLAUDE

Musée de la pipe et du diamant

Plongez dans l'univers fascinant des pipes des 18e et 19e s., fabriquées en écume, terre cuite, cuivre, émail, bruyère, corne, et bien d'autres matériaux, dans des styles uniques. Un atelier reconstitué, animé par des automates, vous fera également découvrir l'univers des diamantaires, avec une présentation de pierres fines et d'outils de taille. Vous y trouverez aussi des répliques de couronnes et de joyaux célèbres.
1 pl. Jacques-Faizant - musee-pipe-diamant.com

Genod Maître Pipier

Nom d'une pipe ! Il ne faudrait pas que se perde la qualité de cette belle tradition. Allez donc voir le jeune maître pipier qui a repris cet atelier. Il vous montrera avec passion les étapes qui transforment un ébauchon en une digne pipe.
13 fg Marcel - www.maitrepipier.com

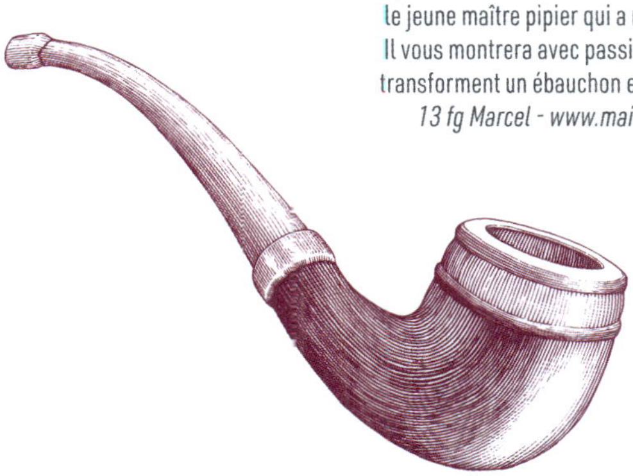

ITINÉRAIRE 9 - AUVERGNE

4 JOURS - 193 KM

THIERS > COL DES SUPEYRES > AMBERT > DORE-L'ÉGLISE > BEAUNE-SUR-ARZON > POLIGNAC > LE PUY-EN-VELAY

À fond la fourme

À VOIR AUSSI

Vous ne serez pas surpris si on vous parle à Thiers d'un **musée de la Coutellerie★** *(23 r. de la Coutellerie)*. Il introduit à cet art, des origines de la pratique à sa commercialisation. Petite particularité cependant : les **ateliers** se visitent et proposent des démonstrations. On peut prolonger le plaisir à 5mn du musée en suivant un atelier « montage de couteau » à l'**Atelier Le Thiers.** *2 r. Alexandre-Dumas - www.atelierlethiers.com.*

ALTERNATIVE

À l'écart du centre-ville et installée dans un relais de poste au style 18e s., **la Table du Clos** propose une cuisine gastronomique auvergnate. Chaque touche de couleur est choisie avec soin. *49 av. du Gén.-de-Gaulle - www.clos-st-eloi.fr - €€.*

ADRESSE

Amateur de dessin ou non, on a tous besoin d'un crayon. Patrick Tourre, véritable poète du bois, propose, dans sa boutique **L'île au crayons**, toute une gamme de branches (résineux, bouleau, tilleul, érable, noisetier, saule) transformées en crayons. Des objets magnifiques, qui rappellent parfois les baguettes magiques d'Harry Potter. Abracadarbre ! *29 av. Rhin-et-Danube - Olliergues - ileauxcrayons.com*

1re Étape

MATINÉE À THIERS

Si **Thiers★** surprend, c'est qu'elle s'est construite en accord avec le paysage. Qui a déjà vu un centre historique ainsi accroché à flanc de colline ? Sillonnez les ruelles tortueuses du **vieux Thiers★**, sans vous priver de passer une tête par les boutiques d'artisans qui jalonnent la ville haute. De la **terrasse du Rempart★**, un **panorama★** sur la nouvelle ville témoigne d'une modernité qui s'étend le long de la plaine et de la Durolle : une frise chronologique, mais architecturale ! Ne manquez pas le **Jacquemart**, grand automate d'acier qui sonne l'heure en forgeant, à coup de masse, un couteau, symbole industriel de la ville.
Nous, on aime redescendre un peu pour changer d'époque. Le long de la Durolle s'étire la **vallée des Usines★★**, retraçant l'histoire des anciennes papeteries, tanneries et ateliers d'émouture, investis aujourd'hui par des centres d'art contemporain, tels que les incontournables **Creux de l'Enfer★** *(www.creuxdelenfer.net)* et l'**usine du May★**.

DÉJEUNER À THIERS

Allez croquer un pied de cochon ou un chou farci au **Croustou**, brasserie simple et moderne, dont la carte fait la part belle aux produits du terroir. Les plus gourmands d'entre vous craqueront pour une authentique truffade. *4 pl. du Palais - le-croustou-restaurant-thiers.fr - €/€€.*

À quelque 3 km de Thiers, vous voilà dans la **vallée des Rouets★**. Une promenade un peu particulière, sur les sentiers historiques des émouleurs et polisseurs, transformés depuis en chemin de rando. On longe les gorges de la Durolle et les forêts des Margerides, parsemés de vestiges des rouets, indispensables à la confection des couteaux. Des lieux fantômes, où il faut imaginer les familles d'émouleurs travaillant, non sans peine. Notre conseil : la visite guidée du **rouet Lyonnet**, pour se coucher moins bête. De retour sur la route du col des Supeyres, profitez d'une halte au village d'**Olliergues** pour visiter le **musée des Métiers et des Traditions du pays**. Au fond, que sait-on des sabotiers, charrons-forgerons, tisserands ou fromagers ?

DÎNER ET NUIT AU COL DES SUPEYRES

Pause 100 % nature au **Chalet des Gentianes**, institution dans la région dont on n'est pas près d'oublier la vue sur le cirque de Valcivières et les monts du Forez. Demi-pension possible : une cuisine locale avec produits du terroir. Vous pourrez dormir dans une chambre ou dans un mini chalet en bois. *135 ch. de Pirouet - www.lechaletdesgentianes.com - €.*

2e Étape

DÉPART DU COL DES SUPEYRES

Pas sûr que vous ayez déjà vu des paysages comme ceux du **col des Supeyres** . Une nature steppique digne des plus grandes plaines d'Asie centrale (toute proportion gardée).

Le chemin du **colporteur des jasseries**, une boucle de 3h, est idéalement adapté à la découverte de ces grands espaces. Mettez-vous dans la peau de ce gredin si romanesque, vendeur ambulant proposant ses breloques de porte en porte. On marche sur ses traces, parmi les jasseries où il se rendait. Les jass-quoi ? Si vous ne connaissez pas, ça tombe bien : durant la boucle, on passe par le **Musée Jasserie du Coq-Noir** au Grand-Genévrier. Dans cette **ferme d'estive**, ancien lieu de fabrication de fourme, on en apprend sur des siècles de vie en montagne. Maintenant, vous n'aurez plus d'excuse !

DÉJEUNER À AMBERT

Découvrez Ambert par l'assiette ! Avant même d'être servi, on est charmé par le décor, intérieur et extérieur, de **La Chaumière**. Et les plats sont à la hauteur des attentes, présentés avec tant d'idées qu'on se croirait dans une chaumière de Disney. Ceux qui ont raté la truffade la veille se rattraperont avec sa petite sœur, la fournade, disponible en version végétarienne. *41 av. Foch - chaumiere-ambert.fr - €/€€.*

Il n'y a pas que la fourme à **Ambert**, nom d'un fromage ! Quelques enjambées à travers le **centre historique**, où se dressent fièrement des **maisons à pans de bois**, et l'on réalise la richesse de son architecture. L'**église St-Jean★** aussi en impose, avec ses mâchicoulis et son style flamboyant. À l'opposée de la rue du Château, la **mairie d'Ambert** est une mairie... pas comme les autres. Installée dans une halle au grain, la « grosse rotonde », comme l'appelait Jules Romains, serait la seule mairie circulaire d'Europe. Après la rondeur, la vapeur : chez **Mus'Énergie**, musée de la force motrice, on assiste à l'évolution des travaux agricoles au 20e s., à travers une **collection de machines à vapeur★**. Tout est authentique, promis : on vous la ferait pas à l'Ambert.

DÎNER ET NUIT À AMBERT

Ahhh, on n'est jamais aussi bien que quand on dîne chez **Les Copains**, non ? Face à la mairie (la ronde), on apprécie la générosité de ce restaurant, tenu en famille. Les menus, composés avec soin, déclinent les talents du chef Thierry, qu'on considère, nous, un peu comme un copain. *42 bd Henri-IV - hotelrestaurantlescopains.com - €€/€€€.*
Plus qu'à dormir ! **Le Moulin de Nouara** est l'endroit idéal, oscillant entre patrimoine historique et modernité. *Nouara - www.moulin-de-nouara.fr - €€.*

À VOIR AUSSI

On vous renvoie à l'école, mais ne le prenez pas comme une punition. Au fond, vous êtes comme nous, un peu nostalgique. À St-Martin-des-Olmes, une école fermée par manque d'effectifs a rouvert en tant que **Musée de l'école 1900**. Tout y est, des cartables aux pupitres, en passant par le réfectoire et les appartements de l'institutrice. Après ça, plus le droit de vous demander qui a eu cette idée folle, un jour, d'inventer l'école. *Rte de St-Étienne - www.ecole1900.fr*

À VOIR AUSSI

Le **vélorail d'Ambert** propose une visite de la ville insolite sur voie ferrée. Trois parcours sont proposés : découverte, nature ou tunnels, différentes manières de découvrir Ambert et ses alentours, adaptées aux capacités de chacun.
Pour quitter le train train quotidien, on peut aussi embarquer dans le **train touristique Agrivap★**. Design rétro-futuriste et rails de la fin du 19e s., la rame avance paisiblement entre Ambert et La Chaise-Dieu. Une découverte incongrue des pittoresques paysages du Livradois-Forez. *Pl. Jean-Berne - agrivap.fr*

À VOIR AUSSI

À Marsac-en-Livradois, non loin d'Ambert, la **Chapelle-musée des pénitents blancs** présente les mystères de cette confrérie et ses cultes. On découvre emblèmes processionnels et objets religieux avec un mélange d'angoisse et de curiosité. *Pl. de l'Église.*

3e Étape

DÉPART D'AMBERT

Réveil en douceur au **Moulin Richard de Bas★**, dernier moulin encore en activité dans la région du Val Lagat, longtemps haut lieu papetier. La visite alterne entre le cadre de vie des travailleurs (la **salle à manger** est restée telle qu'y vivait son dernier occupant, en 1937!) et l'histoire du papier, de son invention en Chine à son implantation dans la région auvergnate.

DÉJEUNER À DORE-L'ÉGLISE

Pour un repas local pas banal, on aime partager une planche de fromages d'Auvergne à l'**Auberge du Ripailleur**. Sur la planche ambertoise, la fourme est servie fondue, façon raclette. Miam! *2 pl. de l'église - aubergeduripailleur.com - €€.*

Faites un aller-retour dans le passé en visitant l'**abbaye de La Chaise-Dieu★★★**, édifice bénédictin connu pour son festival de musique classique en août. Pénétrez dans l'église abbatiale **St-Robert★★★** afin d'en admirer le **chœur★★** et surtout la **Danse macabre★★**, une peinture murale longue de 26 m, représentant les ravages de la peste au 15e s. Amateurs d'art flamand, régalez-vous devant la **nef des Tapisseries★★★**, magnifiquement restaurée. Un petit tour du village s'impose. Notre incontournable : rue Ste-Marie, une vaillante lanterne porte le souvenir du tout premier éclairage public de la ville.

ADRESSE

Vous aimez flâner dans les librairies ? Passer du temps à errer dans les rayonnages ? Mais vous aimez aussi siroter un verre de vin, et vous ne savez pas quoi choisir ? Alors cap sur **Dans la forêt**, une librairie-cave à vin où l'un ne va pas sans l'autre. Un incontournable de La Chaise-Dieu. *8 pl. de la Fontaine - www.librairiedanslaforet.com*

DÎNER ET NUIT À BEAUNE-SUR-ARZON

Ce n'est pas au **Clos Saint-François** que vous serez dépaysé! En effet, dans cette chambre d'hôte on dort… dans un ancien couvent du 17e s. Au dîner, on découvre les talents de Karine qui propose une succulente table d'hôte. De quoi vous redonner la foi. *Le Clos St-François - www.leclosstfrancois.com - €€.*

4e Étape

DÉPART DE BEAUNE-SUR-ARZON

Vous n'avez jamais vu ce que vous allez voir, et pour cause : à **Allègre★** se trouve le seul volcan de type strombolien dont le cratère contienne une **tourbière**. Une boucle ombragée de 2h *(départ du parking)* en fait le tour. De retour au bourg, observez la porte en ruine du **château**. Grimpez le visiter et, avant de déjeuner, découvrez les produits bios et naturels de la **Savonnerie de Polignac** *(www.savonneriedepolignac.com)*.

À VOIR AUSSI

La **cathédrale Notre-Dame★★★** du Puy-en-Velay se démarque par ses influences orientales : le style byzantin a orienté le choix de matériaux polychromes pour les voûtes de la nef ou les fresques du porche. On ne serait pas étonné de tomber sur un hammam ! *2 r. de la Manécanterie - www.cathedraledupuy.org*

DÉJEUNER À POLIGNAC

On s'installe au soleil sur **les terrasses de Polignac**, cantine sympathique et généreuse lovée dans une rue charmante. De l'intérieur, belle vue sur les collines. *Pl. de l'Église* - €.

Clou du spectacle : la singulière silhouette du **Puy-en-Velay★★★**, royaume de la lentille, de la verveine et de la dentelle, parmi les buttes de laquelle trônent la **chapelle St-Michel d'Aiguilhe★★** et le **rocher Corneille★**. Vous pensiez que cette vision surréaliste était la seule surprise de la ville? Attendez d'en découvrir l**a cité épiscopale★★★**, qui renferme peut-être le plus beau cloître qu'on connaisse.

Et si on allait voir plus loin

Notre sélection de sites, adresses, expériences insolites en dehors de l'itinéraire

BRASSAC-LES-MINES

Musée de la Mine

Le musée occupe la machinerie d'une exploitation qui a duré presque cinq siècles, jusqu'en 1978. Une maquette montre la disposition du « carreau », l'activité du mineur est illustrée par des outils et une vidéo explique les différents moyens d'extraction du charbon dans le monde. Une **galerie**★ de 160 m est aménagée à moins de 5 m sous terre.

Rte de la Mine.

CHAMALIÈRES-SUR-LOIRE

Jardin de l'Église prieurale romane★

Dans le jardin médiéval attenant à l'église, les plantes aromatiques et médicinales affichent un petit carton à leur nom. De grands panneaux explicatifs renseignent le visiteur sur la fondation de l'abbaye, la vie des moines au Moyen Âge, ou les crues dévastatrices qui se sont abattues sur le village au cours des siècles. On quitte à regret ce paradis de paix et de verdure.

Le Bourg - www.chamalieres-sur-loire.fr

MARINGUES

Musée Maringues et ses Tanneries

Le passé industriel maringuois est présenté dans cette tannerie du 17e s. Le métier du mégissier qui travaillait les peaux de chèvre ou de veau, est reconstitué dans ses moindres détails : visitez l'atelier de mégisserie avant de découvrir le métier du cirier (confectionneur de cierges).

R. St-Maurice.

MONTAIGUT-LE-BLANC

Fromagerie Guillaume

Cette fromagerie affine sa production dans d'étonnantes caves creusées dans le tuf. Outre les spécialités connues – saint-nectaire, fourme d'Ambert, bleu d'Auvergne et cantal –, vous découvrirez d'autres savoureux produits comme le pavin, un fromage de vache à la pâte onctueuse, ou le gaperon à l'ail.

39 rte des Moulins - fromagerie-guillaume.com

ROSIÈRES

Ravin de Corboeuf

Ce canyon, creusé de petits ravins et hérissé de fines crêtes, est appelé aussi **Colorado français**, en Haute-Loire. Cette étonnante formation géologique résulte des effets de l'érosion sur des dépôts sédimentaires argileux au fond du lac qui occupait le bassin de l'Emblavez.

SAUGUES

Musée de la Bête du Gévaudan

La fameuse bête tua et dévora, entre 1764 et 1767, moutons et bergères sur un vaste territoire allant de Saugues à Ruynes-en-Margeride. En 22 tableaux, les personnages en plâtre, grandeur nature et doués de parole, évoquent des scènes historiques, mais aussi des paysages de cette contrée.

R. de la Tour - www.musee-bete-gevaudan.com

ST-HILAIRE

Le Vallon d'Armandine

Hébergement éco-responsable où se mettre au vert et faire le vide. On est reçu avec le sourire par Janette, qui propose un concept original : un atelier du goût lié aux fromages d'Auvergne. Outre les fromages « classiques », vous goûterez à l'artisou ou au lavort. Et si le cœur vous en dit, Janette peut vous apprendre à manier une baguette de sourcier ou vous entraîner dans une balade zen en forêt...

Bouzerat - www.auvergneslow.com

ST-MAURICE-DE-LIGNON

Passerelle himalayenne des gorges

Il faut compter entre 30 et 45mn de marche, selon la rive d'où l'on part, pour se retrouver perché à 78 m au-dessus des gorges du Lignon, d'où la **vue**★ est impressionnante ! Le long des 268 m, ça tangue un peu... Du côté de St-Maurice-de-Lignon, un **belvédère** situé à 1 m de haut permet de s'avancer en surplomb du site.

9,5 km au nord-est d'Yssingeaux - accès par Grazac ou par St-Maurice de Lignon.

ITINÉRAIRE 10 - LIMOUSIN & BERRY

3 JOURS - 415 KM

BRIVE-LA-GAILLARDE > AUBAZINE > LIMOGES > CROZANT > ST-CHARTIER > NOHANT-VIC > BOURGES

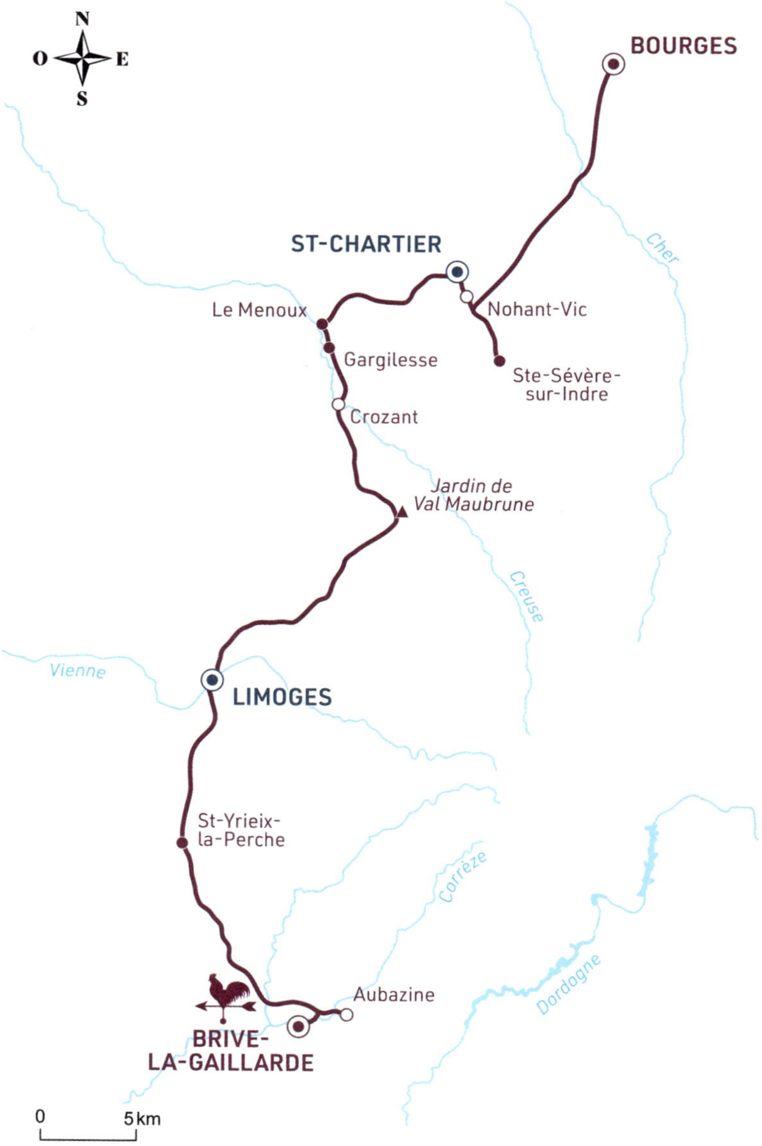

Jours
de
fête

1re Étape

DÉPART DE BRIVE-LA-GAILLARDE

Brive★ a été gaillarde, au sens de fortifiée, jusqu'au 18e s., quand elle perdit ses remparts. Qu'à cela ne tienne, on la dit encore gaillarde en pensant vaillante, voire farceuse, puisqu'elle a donné à son **château d'eau** *(www.brive-tourisme.com - il se visite)* une allure de phare sous prétexte que la région était sous l'eau pendant le jurassique. Plus récents que les dinosaures, les chapiteaux de la **collégiale St-Martin**★ sont à voir avant de partir pour **Aubazine**★★. Vous découvrirez ce ravissant village dans des collines boisées, à l'ombre de l'**abbaye cistercienne**★★, à laquelle il doit son existence. L'abbaye, dont la première originalité est d'avoir compté jusqu'à la fin du 18e s. deux communautés, une féminine (à Coiroux, juste à côté) et une masculine, a plus d'un tour dans son sac. Le clocher, de plan carré, passe à un plan octogonal par un système de gradins de pierre unique en son genre. On espère que vous voyagez avec un(e) ingénieur(e) qui saura vous expliquer ce qu'est une surface réglée, nous, on a juste retenu que les moines avaient livré une prouesse technique. Mais surtout, la merveille, c'est le canal des Moines, que vous garderez pour l'après-midi.

DÉJEUNER À AUBAZINE

Faites une pause dans la jolie bâtisse en pierre du **St-Étienne**, dont on aperçoit la tourelle d'angle de la place centrale. Produits du terroir dans la grande salle à manger ou en terrasse. *Av. Brugeilles - www.le-saint-etienne.com - €€.*

Prévoyez le temps d'une balade en pleine nature pour observer de près les travaux herculéens qu'ont accomplis les moines au 12e s. En vue d'amener l'eau à l'abbaye, ils ont creusé dans la roche en place, ou parfois en encorbellement au-dessus d'à-pics de plus de 50 m, un réseau hydraulique de 1700 m de longueur, appelé **canal des Moines**. Notez que l'abbaye va entrer en restauration grâce au mécénat de Chanel, en souvenir de Coco, qui y aurait passé six années enfant. Peut-être trouverez-vous dans les vitraux romans de l'abbatiale (si beaux) l'origine de deux C entrelacés. *abbaye.aubazine.com.*

Vous ne regretterez pas de faire un détour par **St-Yrieix-la-Perche**★ qui conserve un charmant centre ancien autour de sa **collégiale**★. La **bibliothèque municipale** conserve, derrière une vitrine blindée, une très rare **bible géante**★ d'époque romane, de presque 60 cm de haut et pesant 23 kg. L'objet exceptionnel témoigne de l'intense activité des scriptoriums dans les abbayes limousines et de la qualité des enluminures dont il représente l'apogée.

Rejoignez **Limoges**★★ et la **Cité épiscopale**★★.

DÎNER ET NUIT À LIMOGES

Abbaye, moines, bible, ne vous étonnez pas que nous vous expédiions à la **Cuisine du Cloître**. Au pied de la cathédrale, dans un cadre 17e, le chef vous demande de lâcher prise. Expérience quasi-mystique que celle de l'assiette vide qui se remplira indépendamment de votre volonté.

MASCULIN FÉMININ

Des deux communautés d'Aubazine, les femmes, ayant été soumises par le fondateur à la clôture absolue, vécurent sous la totale dépendance, tant au plan spirituel que matériel, du monastère masculin, condition sans doute à l'origine du facétieux dicton : « Qui a fille à Coiroux a gendre à Aubazine ».

ALTERNATIVE

Les prouesses hydrauliques ouvrent l'appétit. Justement, déjeunez dans un moulin du 16e s., au bord de l'eau et dans les bois comme il se doit. Que ce soit à la **table gastronomique** ou au **bistrot**, qui se distinguent par leur cadre plus ou moins décontracté, la cuisine classique est accomplie. **Moulin de La Gorce** - *www.moulindelagorce.com - €€€€ et €€€.*

À VOIR AUSSI

Collonges-la-Rouge★★ est un village tout rouge. Un auteur de guide de tourisme parlerait de bijou médiéval. Un rubis peut-être ? *www.vallee-dordogne.com.*

Et enchaînez en dormant sur place, dans les **chambres du Cloître**, joliment restaurées sans sacrifier leurs magnifiques parquets anciens. *6 r. des Allois - la-cuisine-du-cloitre.fr - €/€€.*

2ᵉ Étape

DÉPART DE LIMOGES

À Limoges, ville de la porcelaine, visitez au moins le **four des Casseaux★** pour son généreux ventre rond en brique. Vingt mètres de haut tout de même. Il faut dire qu'il avait un appétit féroce *(R. Victor-Duruy - www.museedescasseaux.com)*. Sortez la tête du four et allez vous poser à l'écart du monde. Laissez-vous engloutir dans un univers de fougères, d'aulnes ou d'hortensias paniculés, et cédez à la poésie du **jardin de Val Maubrune★**. Vous aurez tout loisir de déchiffrer les cartons indiquant le nom des plantes et de suivre le chat jusqu'au fond du vallon où chante une source. *Le Petit Mas - La Brionne - jardin-val-maubrune.fr*

À **Crozant★★**, du « vieux château bâti par les Wisigoths sur des rochers affreux au confluent de la Creuse et de la Sédelle » (dixit George Sand), vous comprendrez pourquoi la **vallée de la Creuse★** a attiré les peintres. Monet, par exemple, en 1889. Nous, on le situait plutôt en Normandie avec la cathédrale de Rouen et les meules déclinées, mais il a trouvé ici un truc : capter les variations de lumière en plusieurs toiles sur un même motif. Est-ce qu'on oserait dire qu'il a expérimenté sa première série dans la vallée de la Creuse ?

DÉJEUNER À CROZANT

En pleine campagne, au milieu de la France, l'**auberge de la Vallée** s'impose. Murs ocre ou rose saumon, stores bouillonnés, nappes blanches, le cadre se prête au velouté de potimarron et au bœuf aux morilles.
14 r. Armand-Guillaumin - www.laubergedelavallee.fr - €€€.

Remontez la vallée de la Creuse jusqu'à **Gargilesse★**, où George Sand aimait se retirer. Toujours amusant de voir où vont bouder les stars. Nous, on aime ce choix, petit village accroché à un rocher au-dessus de sa rivière, perdu, ravissant. On y bouderait bien. Et, en plus, l'église possède l'un des plus beaux ensembles des **chapiteaux historiés★** du Berry et une crypte ornée de **fresques★** romanes d'une rare fraîcheur. George n'a pas pu les voir car elles sont restées cachées sous un badigeon jusqu'en 1961 *(maisondegeorgesand-gargilesse.fr)*.

Continuez de remonter vers **Le Menoux**. Passez devant l'**église**, elle n'a rien de spécial et ressemble à toutes les églises du 19ᵉ s. C'est en entrant que vous comprendrez que vous avez bien fait de nous lire, quand vous aurez été aspiré par le vortex psychédélique **peint★**, entre 1968 et 1976, par le peintre bolivien Jorge Carrasco (1919-2006).

DÎNER ET NUIT À ST-CHARTIER

Dînez et dormez à **la Croix Verte**, une maison de village aux chambres simplissimes, tenue par des hôtes connaisseurs de leur pays et bons cuisiniers.
12 r. des Maîtres-Sonneurs - www.maisonlacroixverte.com - €.

À VOIR AUSSI

Près de 14 000 chauves-souris vivent entre les concrétions colorées du **gouffre de La Fage★**. C'est dire si la maison est bonne. *www.gouffre-de-la-fage.com*

À VOIR AUSSI

Dans les **jardins de Colette★**, à Varetz, l'émotion vous cueille, tant le souvenir de l'écrivaine amoureuse des plantes est vivace. *La Chassagne - www.lesjardinsdecolette.com*

ALTERNATIVE

À St-Valentin, on adore l'initiative de cette équipe japonaise : nommer un restaurant **Au 14 Février**✿ et l'associer aux dessins de Raymond Peynet pour célébrer en cuisine la fête des amoureux. Des plats français travaillés par des Japonais ne peuvent être que délicieux. *2 r. du Portail - St-Valentin - sv-au14fevrier.com - €€€€.*

ALTERNATIVE

Vous pouvez aussi dormir à Nohant, à l'**auberge de la Petite Fadette**, juste à côté de la jolie place de l'église où ouvrent les grilles de la demeure de George Sand. Le lieu est merveilleusement calme, la maison ravissante et l'établissement correct. *5 Nohant - www.aubergepetitefadette.fr - €/€€.*

ADRESSE

À propos de cinéma, le village de **Sardent** a servi de décor naturel au *Beau Serge* de Chabrol. Près de la **chapelle St-Pardoux**, l'eau des deux fontaines est miraculeuse, pour peu qu'on y croie.

PRINTEMPS DE BOURGES, QUÉSACO ?

Depuis 1977, c'est une scène musicale, qui a toujours cultivé une mission de défricheur de talents. Elle est tellement connue qu'il suffit de dire le Printemps ou le PDB. C'est surtout une dizaine de scènes surchauffées, des rencontres, des écrans géants, des lumières, des bars et des rues festives. C'est Lavilliers en 77, The Cure en 82, Zaho de Sagazan en 2024. C'est six jours et c'est en avril. *www.printemps-bourges.com.*

GEORGE SAND

ALTERNATIVE

Nous, on adore les **Mère Poule**. En particulier quand on nous propose un ménetou-salon aux reflets grenats, qui se laisse boire avec une tranche de serrano sur la terrasse de ce bistrot où tout est réussi. Même les prix. *28 r. des Cordeliers - www.lamerepoule.fun - €/€€.*

3e Étape

DÉPART DE ST-CHARTIER

Tout est là. La grand-place, le poteau, la porte médiévale. Et rien n'a changé. Il ne manque que François (Frranssoué pour les cinéphiles), le facteur qui distribue son courrier « à l'américaine ». Incroyable moment qui vous transporte en 1947, avec Jacques Tati et les habitants du village de **Ste-Sévère**, surtout si vous prenez le temps de suivre la séance de la **maison de Jour de fête**, un modèle du genre. Après les merveilleuses facéties dont on vous aura dévoilé les trucs mais pas la magie, revenez vers **Nohant** et rendez visite à sa grande dame. L'écrivaine anti-conformiste, féministe avant l'heure, socialiste, gamine des champs, a vécu, on ne s'y attend pas, en grande bourgeoise. La **maison de George Sand**★ (vous l'aurez reconnue) n'a pas bougé, elle non plus. Décidément, c'est la journée des sauts temporels, c'est aussi ce qui fait la spécificité de cette région qui paraît épargnée par la folie du monde. On tombe sous le charme des lieux, de son harmonie, la table où elle recevait Delacroix, le théâtre de son fils Maurice, ses bassines à confiture, son jardin et le souvenir de ses jours heureux avec Chopin.

DÉJEUNER À NOHANT-VIC

Dans la cour devant la maison, à côté de la librairie où vous achèterez *Histoire de ma vie* (en Poche, à moins que vous ne préfériez les 13 tomes de l'édition complète), on avale tranquillement une assiette champêtre au **Bonheur d'Aurore**. Aurore, ce n'est pas la Belle au bois dormant, c'est Aurore Dupin, qui deviendra George Sand.
www.maison-george-sand.fr - €.

Il fut un temps où le roi de France n'était roi que de **Bourges**★★★. C'est déjà bien, quand on voit les richesses que recèle la cité. Mais les rois, on les connaît, il leur en faut toujours plus. Avant d'entrer dans le vif du sujet, faites deux choses. Le tour de la ville par la **promenade des Remparts**★, une façon originale de vous laisser conduire dans des endroits insoupçonnés, puisque ces remparts datent des Romains et qu'ils ont survécu comme ils pouvaient. Et prévoyez une balade dans les **Marais**★. Car oui, il y a des marais (des vrais, pas comme à Paris) en plein cœur de la ville. On peut même se promener en barque dans la bulle verte de Bourges.

DÎNER ET NUIT À BOURGES

Retrouvez les Berruyers au **Beauvoir** 😋, dans une ambiance feutrée propice aux confidences et à la dégustation du croustillant de queue de bœuf.
1 av. Max-Dormoy - www.restaurant-lebeauvoir.com - €€€.
Vous n'avez plus qu'à descendre le long de la Voiselle jusqu'au **Cèdre bleu** où les chambres sont bleues comme une orange. Inattendu et finalement attachant, surtout quand les joies solaires vous attendent le matin dans le jardin, sur la terrasse où est servi le petit-déjeuner.
14 r. Voltaire - www.lecedrebleu.fr - €/€€.

Et si on allait voir plus loin

Notre sélection de sites, adresses, expériences insolites en dehors de l'itinéraire

AUBIGNY-SUR-NÈRE

Le village★

Un vent venu d'Écosse a soufflé autrefois sur **Aubigny★**, située aux confins de la Sologne et du Berry. Offerte aux Stuart par le roi de France Charles VII, la bourgade fleurie, traversée par la Nère au cours en partie souterrain, doit une bonne part de son animation et de son dynamisme à la présence d'industries de pointe et à la séduction qu'elle exerce auprès de Parisiens fortunés. Ses **maisons à colombages★** et son **château** des Stuart témoignent de son riche passé.

BOUGES-LE-CHÂTEAU

Château★★

Cette élégante demeure, inattendue car perdue dans la campagne, ne peut que surprendre, après la traversée de la forêt de Levroux. Par l'ordonnance de ses frontons et de ses façades, elle rappelle étrangement le Petit Trianon. Bouges, avec ses jardins à la française, son mobilier précieux et sa gracieuse architecture, invite à un voyage au cœur du 18e s.

15 r. du Château - www.chateau-bouges.fr

BOURGANEUF

Vélo-rail de la Mine

Il longe la vallée du Thaurion sur 10 km AR. Une balade insolite à faire en famille, dont l'arrivée s'effectue devant la tour Zizim.

1 av. de la Gare - Bosmoreau-les-Mines.

CIRON

Lanterne des morts

Cette lanterne funéraire du 12e s., coiffée d'un toit conique couvert d'écailles (5 m de haut), est l'un des rares exemples de ce type de monument dans le Berry. Par l'ouverture située en bas de la colonne, on introduisait un fanal qui était hissé jusqu'au sommet à l'aide de poulies. La plateforme est entourée de tombes.

GIMEL-LES-CASCADES

Cascades★★

Étranglée dans une gorge sauvage, la Montane se fraie un chemin au milieu des rochers et se précipite d'une hauteur de 143 m. La première chute, dite **Grande Cascade** ou Grand Saut, tombe de 45 m. La deuxième, dite **la Redole**, fait une chute de 27 m. La troisième, **la Queue de Cheval**, apparaît lorsqu'on accède à un promontoire perché dans un cadre de rochers et plonge d'une hauteur de 60 m dans des gorges au nom évocateur de **gouffre de l'Inferno**.

GUÉRET

Labyrinthe géant des monts de Guéret

Ce vaste dédale de verdure est le plus grand labyrinthe végétal permanent au monde (4,5 km sur 2,2 ha). Jardin pour les tout-petits, aquagliss, parcours de jeux d'adresse, jeu de piste et toboggans géants, escape game.

Rte de Bourganeuf - www.labyrinthe-gueret.fr

LUÇAY-LE-MÂLE

Train du Bas-Berry

Abandonnée pendant des années, la ligne de chemin de fer à voie métrique Le Blanc-Argent, née peu après 1900, a partiellement repris du service. Grâce à l'action d'une association de bénévoles, différents trains anciens (diesel, autorail et à vapeur) traversent la campagne berrichonne sur environ 40 km. Les trains partent de la gare d'Écueillé, en direction d'Argy ou Valençay, selon les parcours.

96 bis av. de la Gare - Gare d'Écueillé - www.traintouristiquedubasberry.com

MEHUN-SUR-YÈVRE

Pôle de la Porcelaine

À l'ombre des tours du château, dans les jardins du duc de Berry, une construction de verre relie l'ensemble des Grands Moulins. L'espace présente plus de 800 pièces de collection du 19e s., aussi diverses qu'insolites (vaisselle fine, fontaine, guéridon, plaque funéraire, etc.). Certaines furent réalisées pour les Expositions universelles. Un spectacle son et lumière (12mn) dévoile les secrets de la fabrication de la porcelaine.

R. des Grands-Moulins - www.ville-mehun-sur-yevre.fr

LAC DE VASSIVIÈRE

Barrage de Vassivière

Jeu insolite et immersif inventé par des passionnés et installé dans une ancienne turbine donnée par EDF. Il s'agit de passer d'épreuve en épreuve pour sauver le barrage d'une submersion certaine.

vassiviera.fr/ le-barrage

ITINÉRAIRE 11 - CHARENTES

4 JOURS - 190 KM

LA ROCHELLE > ROCHEFORT > ST-FORT-SUR-GIRONDE > SAINTES > ST-JEAN-D'ANGÉLY

Arsenaux *et vieilles* citadelles

1re Étape

MATINÉE À LA ROCHELLE

Quand on a tendance à grimper facilement dans les **tours**, il ne faut surtout pas se gêner à **La Rochelle★★★**. Face à l'Atlantique, les vieilles dames ont la vue perçante et de vieux pieds qu'elles plongent, pour certaines, dans les premières fortifications de la cité au 12e s. La **tour St-Nicolas★★**, qui se prend un peu pour la tour de Pise, garde l'entrée du **Vieux Port★★★**, avec la **tour de la Chaîne** dont la grosse chaîne fermait l'accès au havre la nuit. De leur sommet, on comprend tout de la topographie de la ville en prise avec l'océan, en particulier du haut des sept étages de la **tour de la Lanterne★★** *(www.tours-la-rochelle.fr)*. Les temps changent. En 1941, les Allemands ont plutôt choisi le mode taupe pour fortifier La Rochelle. Après les vues radieuses vers le grand large, descendez dans le **Bunker★** qu'ils ont fait construire dans la vieille ville. À côté du géant de La Pallice, c'était le marrant de la bande : ses 300 m^2 abritaient un bar et des dortoirs pour mettre à l'abri l'état-major allemand en cas d'attaque aérienne des alliés. Il est resté en l'état (décor compris) et abrite un musée mené par deux passionnés. *8 r. des Dames - www.bunkerlarochelle.com*

DÉJEUNER À LA ROCHELLE

Nous, on adore flâner au hasard pour découvrir la **vieille ville★★**. Mais, sans vouloir être intrusif, on vous conseille quand même de passer sous la **porte de la Grosse-Horloge★**, et de suivre la **rue du Palais★** pour arriver tout doucement au **Jardin du Marché**, chez Églantine. Elle a l'art de proposer des « petits riens » flexitariens qui ressemblent à quelque chose. Produits hyper frais servis dans un patio l'été. *5 bis r. Gargoulleau - lejardindumarche.com - €.*

Pendant la promenade digestive dans le **parc Charruyer★** qui ceinture la ville, on prend la mesure de la bêtise humaine qui s'emploie à construire des murs pour mieux les détruire et s'entre-tuer en prime. On a poursuivi la promenade dans l'**allée du Mail★**, sous les pins maritimes, et, pour un peu, on se serait cru sur le Pincio. Ensuite, pas facile de se mettre d'accord. Bien sûr, il y a la plage, mais nous, on adore Simenon, alors il faut s'arrêter sous les ors du **café de la Paix** *(54 r. Chaudrier)* où germaient les histoires de Maigret. La météo tranchera.
Maintenant, **Rochefort★★** vous attend.

DÎNER ET NUIT À ROCHEFORT

Réservez la chambre Rive Gauche à **la Charentine** *(10 r. de la Noraudière - la-charentine.com - €€)*, afin de profiter de la vue sur le jardin et sur la Charente au fond. Pour le dîner, c'est sur le port que vous trouverez votre bonheur. Dans les bâtiments classiques du **Magasin aux vivres** de l'**Arsenal★★** (17e s.), surmonté d'une salle moderne qui regarde le bassin, on choisit entre un dîner gastronomique *(€€)* derrière les grandes baies vitrées, un verre sur le *rooftop (€)* ou une *pasta* dans la cave voûtée *(€)*.
14 quai aux Vivres - www.vivres.net

LE MUR DE L'ATLANTIQUE, QUÉSACO ?

C'est l'ensemble des fortifications mises en place par le 3e Reich entre 1941 et 1944 pour protéger la façade atlantique de l'Europe. La base sous-marine de La Rochelle-La Pallice faisait partie du dispositif sous la forme d'un bunker géant de 3 ha qu'on ne visite pas.

ALTERNATIVE

L'Hysope✿ a poussé au fond d'une ruelle piétonne, dans un charmant petit village à 15mn de La Rochelle. Les plantes sont le point fort des menus surprises où s'invitent agrumes, épices et touches asiatiques. *25 r. de l'Aurore - La Jarrie - www.lhysope.fr - €€€€.*

HYSOPE

À VOIR AUSSI

Pour une fois, soyez des bœufs et prenez la **passe★** du même nom pour découvrir l'**île Madame★**, presque déserte, à l'exception d'un fort et d'une ferme (pause possible). Petite précision : attendez la marée basse pour emprunter le tombolo à pied sec. La traversée fait déjà partie de l'expérience. Et ne vous faites pas coincer sur l'île. Une marée, ça remonte. *www.ilemadame.com*

2e Étape

MATINÉE À ROCHEFORT

Il paraît que les marins sont bien plus marrants que tous les forains réunis. **Pierre Loti** en est la preuve. Sa maison est un carnet de voyages incarné dans la pierre et composé d'objets rapportés du monde entier par ce Rochefortais écrivain et marin. Double vocation qui favorise le goût du rêve et les fantasmes exotiques. Vous les retrouverez entre les moucharabiehs, les fontaines mauresques et les céramiques turques dans son palais des Mille et une nuits. Occasion de relire *Pêcheur d'Islande*, notre préféré. Pas étonnant de se rêver marin lorsqu'on vit près d'un tel **Arsenal★★**. Et non moins étonnant que Jacques Demy se soit attaché à Rochefort pour y placer ses demoiselles. D'ailleurs, la **place Colbert** n'a guère changé depuis 1967.

DÉJEUNER À ROCHEFORT

Comme on les aime, les restaurants écoresponsables. **La Petite Kabane**, attachée à réduire au maximum son impact, prépare une cuisine fraîche, saine, inventive et locale, servie en bocaux dans une salle aux chaises dépareillées. *38 r. Audry-de-Puyravault - www.lapetitekabane.fr - €.*

Vous ne nous ferez pas l'affront de quitter les rives de la Charente sans voir le **Pont transbordeur★**. Cette prouesse technologique, la dernière en fonctionnement en France, reste à jamais associée aux *Demoiselles de Rochefort* que vous ajouterez à votre *to do list*. Lire Loti et voir Demy.

Vous consacrerez la fin de l'après-midi aux **grottes du Régulus★**, un site troglodytique suspendu dans les falaises au-dessus de l'**estuaire de la Gironde**, creusé par l'eau et aussi un peu par l'homme. Du belvédère, on aperçoit la **pointe de Grave**, et un carrelet au pied de la falaise.

DÎNER ET NUIT À ST-FORT-SUR-GIRONDE

Ambiance maison de famille au **château des Salles** où on vous sortira l'argenterie et la nappe blanche pour votre dîner. Vous dormirez dans un parc, entouré de vignes. *61 r. du Gros-Chêne - www.chateaudessalles.com - €€€.*

3e Étape

DÉPART DE ST-FORT-SUR-GIRONDE

Prenez votre coquille, on quitte les bords de l'estuaire pour rejoindre le chemin des jacquets, en l'espèce, la *via turonensis*, celle qui passe par Tours et évite les massifs montagneux (le jacquet est malin, un conseil, suivez-le si vous traversez la France à vélo). En chemin, ils s'arrêtaient à **Pons★**, à l'**hôpital des Pèlerins★**, un lieu bienveillant construit à la fin du 12e s. Faites étape aussi et admirez au passage le **donjon★** de Pons. Datant de la même époque, il est vraiment bien conservé pour son âge. Autre étape de taille, **Saintes★★**, ne serait-ce que pour son **abbaye-aux-Dames★★**, elle aussi la plus ancienne de France dans

UN CARRELET, QUÉSACO ?

C'est une cabane sur pilotis au bord de l'eau. Enfin, au départ, c'est un filet de pêche carré monté sur deux cerceaux croisés, suspendu au bout d'une perche. Comme il est utilisé depuis ces cabanes, il a fini par donner son nom à l'ensemble.

ALTERNATIVE

À **l'Aquarelle**, on cultive les associations terre-mer et les accords osés. Vous dégusterez votre cabillaud skreï (le norvégien) confit à 44°, céleri, pomme verte et boudin blanc, dans une salle panoramique qui ouvre grand sur la campagne royannaise. *71A rte du Montil - Breuillet - laquarelle.net - €€€.*

ALTERNATIVE

Vue incroyable sur l'estuaire des chambres de l'**hôtel des Grottes de Matata**. Il est construit au-dessus du site troglodytique (musée) et comprend un bar et une crêperie. Espérons que vous assisterez à la dissipation de la brume matinale sur le bleu radieux des flots. *67 bd de la Falaise - Meschers-sur-Gironde - grottesdematata.com - €/€€*

À VOIR AUSSI

Dans les **jardins du château de Beaulon★**, l'eau est bleue comme une boule de cristal au moment où elle va vous annoncer la vérité. Merveilleuse promenade en perspective. *St-Dizant-du-Gua - chateau-de-beaulon.fr*

ALTERNATIVE

Achetez un **pique-nique** à l'abbaye ou au marché de producteurs Reverseaux *(mar. et vend. matin, pl. du 11-Novembre)*, traversez le cours Reverseaux et descendez l'escalier à gauche du n° 54. Une promenade bucolique vous conduit jusqu'aux grilles de l'**amphithéâtre gallo-romain★**, silencieux et poétique avec ses gradins herbeux à flanc de vallon. Petite buvette sur place pour les imprévoyants.

ALTERNATIVE

Si vous trouvez le coup de la cellule un peu austère, roulez jusqu'à **St-Sauvant**. Au cœur du village médiéval, l'**hôtel des Francs Garçons** se tient dans une maison rénovée en mode vieilles pierres, mobilier design et jeux de lumières. Menu du marché servi à l'agréable restaurant sur place. *1 r. des Francs-Garçons - www.francsgarcons.com - €€€*

À VOIR AUSSI

Maintenant que vous maîtrisez l'art roman saintongeais, passez à l'art roman poitevin. Sur les chemins de St-Jacques, l'**église St-Pierre d'Aulnay★★** apparaît dans le cadre mélancolique de son cimetière piqué de cyprès.

sa catégorie. L'abbatiale romane, coiffée d'un clocher en pomme de pin, est un repère à avoir en tête si vous vous intéressez à l'art roman saintongeais. Aujourd'hui, l'abbaye s'occupe principalement de musique, alors visitez-la avec les oreilles. **Musicaventure** regroupe plusieurs expériences sonores pour accompagner votre déambulation. Et surveillez le festival. Il se produit en juillet. *11 pl. de l'Abbaye - abbayeauxdames.org*

DÉJEUNER À SAINTES

Tous les jours, le chef des **Saveurs de l'abbaye** arpente le marché panier en main. À deux pas de l'abbaye, il métamorphose ses trouvailles en une cuisine légère, fraîche et spontanée. *1 pl. St-Pallais - saveurs-abbaye.com - €€.*

Terminez l'après-midi à Saintes, douce comme une ville du Sud dans ses habits de calcaire. Du **belvédère du Logis du gouverneur**, en reprenant votre souffle, vous l'embrasserez en un coup d'œil. Autour de la **cathédrale**, tout est joli le long de la Charente. Dans la crypte de la **basilique St-Eutrope★★**, Eutrope en personne (un évêque difficile à saisir mais néanmoins vénéré pour avoir été martyr) dort dans son reliquaire. Ce qui nous fait penser à vous signaler qu'on peut dormir dans une des cellules des moniales à l'abbaye, joliment restaurées, sans bling bling.

DÎNER ET NUIT À SAINTES

Il est fils de boucher mais il est né sur une île. Devinez ce qu'il a choisi ? Le poisson. Le chef d'**IØde** le cuisine savoureusement, et vous, vous le dégusterez confortablement dans une salle bleu et bois. Carte des vins d'obédience bio, on cautionne. *89 av. Gambetta - restaurantliode.fr - €€.* Sommeil divin en perspective à l'**abbaye-aux-Dames** *(voir ci-dessus - €).*

4e Étape

DÉPART DE SAINTES

Avez-vous remarqué comme la pierre est lumineuse dans ce pays ? À **Crazannes**, sur les **sentiers de la Pierre**, tout s'éclaire. Certes, il y a un musée – important pour améliorer votre être connaissant –, mais nous, on a préféré la balade dans les carrières abandonnées, entre la jungle et l'antre de Dédale. On vous le signale, c'est sportif. Parfois les pierres sont sculptées, façon décor d'Indiana Jones. À deux pas, les artistes mijotent une **galaxie des Pierres levées (Lapidiales)**, projet pharaonique de sculptures sur mégalithes. Il faut bien laisser une trace de notre passage sur Terre (au cas où personne ne l'aurait remarqué). *www.pierre-de-crazannes.fr et www.lapidiales.org*

DÉJEUNER À ST-JEAN-D'ANGÉLY

Ne ruinez pas votre effort matinal. La carte de produits frais change chaque jour chez **Carottes et Gingembre**. *36 r. des Bancs - www.carottesgingembre.fr - €.*

On vous laisse devant l'abbaye royale.

Et si on allait voir plus loin

Notre sélection de sites, adresses, expériences insolites en dehors de l'itinéraire

AUBETERRE-SUR-DRONNE

Église souterraine St-Jean★★★

Taillée dans la pierre calcaire blanche (*alba terra*, d'où le nom d'Aubeterre) de la colline du château, elle est l'une des plus grandes églises monolithes d'Europe, et la plus haute de France. Elle fut creusée en une seule campagne (moins de 20 ans) au début du 12e s.

R. St-Jean - eglisesouterraineaubeterre.fr

BROUAGE

Citadelle★★

Étrange apparition que ce port fortifié, qui fut le plus formidable de la côte Atlantique avant de s'échouer dans les marais. La silhouette étoilée de ses remparts jaillit d'un labyrinthe de bras d'eau, et il semblerait bien solitaire si les vents salés de l'océan et l'afflux des visiteurs ne venaient lui rappeler sa glorieuse vocation. Entre ses murs s'étend un village de charme, dont les maisons anciennes bordent de larges rues rectilignes.

MONTENDRE

Parc Mysterra★

Ce parc écoresponsable a été créé en 2018 dans la forêt de pins communale de Montendre, sur un site de 11 ha bordant le lac Baron-Desqueyroux. Dans un cadre naturel préservé, sept labyrinthes connectés appellent aux cinq sens et à la réflexion, smartphone ou tablette à l'appui. Baignade surveillée au bord du lac, en été.

La Taulette - www.parc-mysterra.fr

MOULINS-SUR-TARDOIRE

Moulin de la pierre de Rochebertier

Après avoir connu plusieurs activités, il est le dernier moulin hydraulique scieur de pierre encore en activité en France. Non loin du **château de La Rochefoucauld★★**.

www.moulindelapierre.com

NIORT

Le Marais poitevin★★

Exceptionnel tant par sa beauté que par sa nature préservée, le Marais poitevin est la deuxième plus grande zone humide de France après la Camargue. Partez à sa découverte en barque, en suivant un réseau de 4 000 kilomètres de voies d'eau, à vélo, sur les 800 km de pistes cyclables labellisées et sécurisées, ou à pied, le long des prés bordés de peupliers et de saules. Des vastes étendues maritimes de la baie de l'Aiguillon, au dédale de canaux du Marais mouillé, les paysages offrent des contrastes saisissants.

www.maison-marais-poitevin.fr

ST-SATURNIN-DU-BOIS

Villa gallo-romaine

Découvert en 2008, ce site archéologique a révélé les fondations d'une villa gallo-romaine remontant au 1er s. de notre ère, ainsi que des traces d'habitat ultérieur, sans doute du haut Moyen Âge. Les fouilles sont ouvertes au public en été. Ambiance conviviale garantie. Ateliers découvertes et manifestations culturelles (se rens.).

À 8 km au nord-est par la D 209 - saintsaturnindubois.fr/site-archeologique/

ST-SAVINIEN-SUR-CHARENTE

Port miniature de l'île de la Grenouillette

Édifié sur un superbe méandre de la Charente, **St-Savinien-sur-Charente★** exerce un pouvoir d'attraction auprès des artisans et les artistes. Du parvis de l'église St-Savinien, la **vue★** sur les toits du joli bourg, les maisons avec leur potager et sur le fleuve en contrebas, vaut le coup d'œil. Sur l'autre rive de la Charente, l'île de la Grenouillette abrite un **port miniature** où les enfants peuvent piloter une quinzaine de bateaux en modèle réduit – navires de pêche ou de commerce, ferries, remorqueurs, etc. – sur un lac et un canal spécialement créés pour eux.

17 r. des Bateliers - www.portminiature-saintsavinien.fr

PORTAIL À ROCHEFORT

ITINÉRAIRE 12 - GIRONDE

3 JOURS - 330 KM

POINTE DE GRAVE > SOULAC-SUR-MER > ORDONNAC >
BORDEAUX > SABRES > MONT-DE-MARSAN

Aux
pins secs
et
à l'eau

1re Étape

DÉPART DE LA POINTE DE GRAVE

On commence par la fin. Au bout du bout de la Gironde, sur sa rive gauche, au point où arrive le bac de Royan. On aperçoit la ville en face, en dépit de la largeur de l'estuaire, qui ressemble à une petite mer. À la **pointe de Grave** débute la forêt de pins frangée de sable blanc, qui descend vers les Landes. Votre cœur balancera peut-être, le nôtre n'a pas hésité une seconde : l'appel du large. C'est sur la **plage St-Nicolas**, face à l'Atlantique, que vous le sentirez. Pensez au vélo car les pistes cyclables aux alentours sont plates et isolées des pollueurs. Quelques coups de pédale, donc, et vous commencerez votre programme pleins phares. À **Port Médoc,** un bateau conduit au **phare de Cordouan★★** (prenez vos précautions car souvent marée varie. Donc horaires aussi.) Imaginez la vue à 67 m de haut sur un banc de sable au milieu de l'estuaire (vue qui se mérite : 301 marches). Et, en plus, l'architecture du phare (16e-18e s.) est royale. Précisons que, avant de vous amuser, le phare est essentiel pour ne pas se planter en entrant dans l'estuaire. Il est donc le seul phare en France encore gardé (*www.phare-de-cordouan.fr*). Ah oui, en débarquant, il est fort possible que vous ayez à sauter dans l'eau. Laissez les Berlutti à l'hôtel.

DÉJEUNER À SOULAC-SUR-MER

Qui dit vélo dit pique-nique, mais si vous n'aimez pas les fourmis, déjeunez d'une quiche ou de patates douces rôties chez **Ola**, une cantina-buvette à la déco bohème. Endroit craquant, en face du marché couvert. *25 r. Trouche - olacantina - €.*

Voyez quand même la basilique romane **N.-D.-de-la-Fin-des-Terres★**, déjà pour son nom d'exploratrice, ensuite parce qu'elle lutte contre les dunes depuis le 12e s. Au 19e s., on a failli la perdre sous le sable. On reprend le programme pleins phares, direction le **phare de Richard**. Richard, c'était le propriétaire du champ où poussait l'arbre qui servait d'amer avant qu'on arrête de rigoler et qu'on se décide à construire un édifice. Le phare n'est plus en activité mais le cadre est charmant. Oui, vous pouvez monter pour la vue (63 marches, *piece of cake*), et aussi réserver le carrelet pour pêcher et pique-niquer. Nous, on a relâché les poissons, mais vous, vous ferez bien ce que voulez. L'expérience en mode pêcheur est en tous cas dépaysante, surtout dans ce cadre bucolique. *www.jau-dignac-loirac.com/le-phare-de-richard*

DÎNER ET NUIT À ORDONNAC

Vous êtes dans le Médoc. À l'ouest, les pins secs, à l'est les vignes gourmandes. Alors dormez **au Détour des vignes** dans une petite maison en pierre dont le portail s'ouvre littéralement entre les ceps.
1 rte de Saint-Yzans - audetourdesvignes.com - €.
Réservez votre dîner sur place ou commandez des gambas au **Cabanon du Pêcheur** sur le petit port de St-Vivien, où l'eau va et vient. *13 pass. des Civelles - €.*

DOUCE OU SALÉE ?
La pointe de Grave met le pied dans la porte : inlassablement, deux fois par jour, elle laisse sortir des tonnes d'eau fluviale et entrer des milliers de mètres cubes d'eau de mer. Respect.

À VOIR AUSSI

Pour ne pas faire de vagues, choisissez la **plage de la Chambrette,** côté estuaire.

PHARE DE CORDOUAN

UN CARRELET, QUÉSACO ?
On l'a déjà expliqué dans l'itinéraire des Charentes.

ALTERNATIVE

Dînez chez **Wanaka** à St-Vivien-de-Médoc. La cuisine est hyper créative *(45 cours Pierre-Lassalle - wanaka.restaurant - €€€)*. Et dormez dans une des chambres douces et simplement élégantes de **La Nuit & Le Jour** à la limite du St-Estèphe. *1 r. de Lesquirot - Vertheuil - lanuitetlejour.fr - €€/€€€.*

2e Étape

MATINÉE À BORDEAUX

On a entendu dire que **Bordeaux★★★** n'est pas la ville la plus « fun » de France. C'est en tous cas une des plus belles. Elle serait trop guindée, entend-on, mais c'est peut-être une *fake news*, qui sait, par les temps qui courent. Ou des jaloux ? Puisqu'on en parle, commencez par le **MADD★★** (musée des Arts décoratifs et du Design) dans l'hôtel de Lalande, typique de ce 18e s. qui a donné une partie de sa splendide homogénéité à la ville *(39 r. Bouffard - www.madd-bordeaux.fr)*. Perdez-vous ensuite en vous débrouillant pour voir le **portail royal★★** de la **cathédrale St-André★★**. Vous ferez plaisir aux restaurateurs qui ont travaillé minutieusement pour rendre ses couleurs à la porte gothique et à ses douces figures. Et terminez la matinée par notre endroit préféré : le **Capc★** (Centre d'arts plastiques contemporains, ah là là ces acronymes). Il est installé dans l'**entrepôt Laîné★★**, construit en 1824 et réhabilité en 1973. On aime les immenses arches de brique et la qualité des expositions qui nous transportent ailleurs, et aussi le café où vous pourrez déjeuner.

DÉJEUNER À BORDEAUX

À deux pas du Capc, entre les murs de pierre d'une salle écoconçue ou sur une petite terrasse, jetez-vous sur les produits tout frais et la cuisine au feu de bois chez **Casa Gaïa**. Un véritable comptoir locavore et bio, made in Bordeaux. *16 bis r. Latour - www.casagaia.fr - €.*

Pas tout à fait sur le chemin, mais ce n'est pas grave : il faut quand même admirer la **place de la Bourse★★★** devant son miroir d'eau et la Garonne, presque aussi large que le Colorado à cet endroit. Vous aurez le temps d'observer le fleuve en filant vers le nord jusqu'aux **bassins des Lumières★★**, logés dans les alvéoles 1 à 4 du **U-boot Bunker**, la base construite par les Allemands entre 1941 et 1943 en vue d'abriter leur 12e flottille de submersibles. Ces immenses cavernes d'eau et de béton armé, dont on finit par oublier le sinistre dessein initial, ont pour ambition de devenir le plus grand centre d'art numérique au monde. Vous serez donc copieusement éclaboussé de lumières, au cours de spectacles immersifs sur des thèmes historiques ou artistiques, ou devant des œuvres d'artistes contemporains. Les petits adorent. Donc, gardez votre âme d'enfant. *289 bd Alfred-Daney - bassins-lumieres.com*

DÎNER ET NUIT À BORDEAUX

On vous en a mis plein les pupilles, c'est à vos papilles de frétiller chez **SON' oftheSon**, grâce à un menu unique qui réserve d'excellentes surprises. Les assiettes sont dressées comme des œuvres d'art, dans une salle qui a juste la bonne taille pour être agréable.
32 r. du Palais-Gallien - www.son-restaurant.fr - €€€.
Dormez au **Firstname**, un hôtel *feel good* aux chambres design, qui repense le service hôtelier comme une maison ouverte. *14 r. Claude Bonnier - www.firstname.com - €€€€.*

À VOIR AUSSI

L'association **Kairinos** organise des visites guidées de sites insolites ou habituellement fermés aux visiteurs *kairinos.waibe.fr*

À VOIR AUSSI

Immense caverne d'Ali Baba de l'automobile, où ont échoué vieux bus, caravanes, cycles et voitures, le **Garage moderne** se veut « atelier associatif culturel » : on peut y réparer son vélo, chiner des pièces d'occasions, grignoter un morceau à la cantine, se retrouver entre amis autour d'un thé à la menthe et voir des expositions temporaires. *1 r. des Étrangers - legaragemoderne.org*

ADRESSE

Sur le bassin à flot n° 1 du port de plaisance, l'**I.BOAT** est un haut lieu de la nuit bordelaise. Vous y trouverez tout, du *food truck* sur la plage (sans sable) à la salle de concert et au club. *Cr Henri-Brunet - www.iboat.eu*

ALTERNATIVE

Dînez chez **Nomad**, l'assiette méditerranéenne sent bon l'été, surtout en compagnie des oliviers sur la terrasse *(43 r. Ste-Colombe - www.nomad-restaurant.fr - €€)*. Et réservez au **Central**. C'est une auberge de jeunesse comme on les aime : super ambiance, ultra-propre, et les chambres doubles ont vue sur les toits de Bordeaux *2 pl. St-Projet - centralhostel.fr - €/€€.*

POURQUOI LES LANDES ?
C'était avant l'arrivée des pins. Le pays était une vaste lande humide où était pratiqué l'agropastoralisme. En 1857, fini les échasses, un décret impérial oblige les communes à planter des pins. Résultat : les arbres ont fixé les dunes, protégé les vignes, et fourni de l'ombre pour que nous puissions pédaler en beauté sur la **Vélodyssée**. Entre autres.

3e Étape

DÉPART DE BORDEAUX

Le **vieux Bordeaux★★★**, classique et souverain, cache bien son jeu. À ses portes s'agite encore un ovni. Construite à Pessac en 1924, la **Cité Frugès-Le Corbusier★** est signée le fada de Marseille *(voir p. 120)*, alias Le Corbusier. Nous, on aime bien quand les grands architectes s'occupent de loger les ouvriers, le résultat est plein de couleurs, de lignes neuves et de végétation intégrée. Pas sûr qu'y vivent encore beaucoup d'ouvriers, mais c'est un régal pour les yeux maintenant que la cité est en partie réhabilitée. Retour au 19e s. à l'**écomusée de Marquèze★★** où vous pourrez déjeuner d'une délicieuse salade fraîche *(L'Estanquet - €)* entre les quelque trente maisons traditionnelles, le meunier qui fait son pain, les cochons et les moutons. On a enfin compris pourquoi le berger landais se baladait sur des échasses. *Gare de Sabres - www.marqueze.fr*

DÉJEUNER À SABRES

Dans une vaste maison landaise à pans de bois, entourée d'une pelouse plantée d'arbres, l'**Auberge des Pins** sert une cuisine régionale tout en délicatesse.
R. de la Piscine - www.aubergedespins.fr - €€.

À VOIR AUSSI

Le festival **Arte flamenco** est l'un des festivals de flamenco les plus importants de France. *Juin - arteflamenco.landes.fr*

Pour une fois qu'on vous dit que les oiseaux ne disparaissent pas. Pas là, en tous cas. Et même, ils reviendraient. Ça vaut le coup d'aller voir à **Arjuzanx**. La **réserve naturelle** déployée autour d'un lac est un endroit réconfortant pour les inquiets dont nous faisons partie. On se balade sur les sentiers, on profite du lac et, entre novembre et février, on y voit des rassemblements de grues cendrées. Elles avaient été chassées par Napoléon III, quand il s'est mis en tête de planter des pins partout. Au 20e s., l'exploitation du lignite par EDF n'a rien arrangé. Aussitôt que les grues ont aperçu de l'eau à la place des excavateurs et des bandes transporteuses, elles ont recommencé à faire étape entre le pays de Selma Lagerlöf et l'Espagne, voire à rester là pour l'hiver, maintenant qu'on a installé le chauffage. Rejoignez **Mont-de-Marsan★**, fief du flamenco, qui a joliment apprivoisé les berges de ses rivières. Olé.

À VOIR AUSSI

Même si vous n'êtes pas dingue du ballon ovale, la **chapelle N.-D.-du-Rugby** est à voir à **Larrivière-St-Savin**, ne serait-ce que pour son isolement bucolique, ses vitraux où les rugbymen croisent la Vierge et pour les 185 maillots de joueurs (là, à moins d'être fan de couture sur synthétique, il vaut mieux un peu s'y connaître pour être épaté).

DÎNER ET NUIT À MONT-DE-MARSAN

Dînez et dormez au bord de l'eau, dans le cadre exceptionnel d'une maison Belle Époque rénovée. Entre la **Table** ✿ gastronomique et le **Bistrot 1912** ☺, vous trouverez votre bonheur. **Villa Mirasol** - *2 bd F.-de-Candau - villamirasol.fr - €€€€.*

GRUE CENDRÉE

Et si on allait voir plus loin

Notre sélection de sites, adresses, expériences insolites en dehors de l'itinéraire

ARSAC

Château d'Arsac

Ce château viticole, de facture classique, cache dans son parc, rebaptisé **Jardin des sculptures**, une trentaine d'œuvres d'art contemporain monumentales, signées Saint Phalle, Erró, César, Zhang, Dalí ou Jan Fabre. Chaque année, le propriétaire, Philippe Raoux, enrichit sa collection d'une nouvelle pièce.
1 all. du Comte - chateau-arsac.com

COUTHURES-SUR-GARONNE

Fous de Garonne

À Couthures, c'est un peu comme à Venise, les Titien en moins. Les habitants ont l'habitude que le fleuve sorte de son lit. Pas rancuniers, ils partagent dans ce lieu leur amour de « Garonne » à travers une visite insolite : embarquement virtuel en bateau avec les sauveteurs, mapping vidéo géant, maquette animée du village, etc. Et pour goûter à l'atmosphère des lieux : café et terrasse surplombant le fleuve.
R. Lacave - www.fous-de-garonne.com

HASTINGUES

Aire autoroutière - Centre d'exposition St-Jacques-de-Compostelle

Sa configuration géométrique symbolise le tout proche point de jonction des itinéraires français au départ de Paris, de Vézelay et du Puy, et menant au sanctuaire de St-Jacques-de-Compostelle. Jalonnés par des pictogrammes évoquant des sites connus, des chemins convergent vers un bâtiment circulaire consacré à l'histoire du célèbre pèlerinage. Sitôt entré, vous serez plongé dans un calme nuancé de documents sonores et d'une musique sacrée. Bien agréable si on vient de l'autoroute !
Sur l'autoroute A 64 dans le sens Pau-Bayonne.

L'HERBE

Réservoirs de Piraillan

Voici un quartier de pêcheurs des plus typiques, où les lieux de travail se mêlent aux habitations. À la sortie du joli village de pêcheurs de **L'Herbe★**, les anciens réservoirs à poissons, 40 ha au milieu de la forêt, sont devenus un royaume pour les oiseaux (notamment les hérons cendrés). N'oubliez pas vos jumelles !

MOLIETS-ET-MAÂ

Le courant d'Huchet★ en barque

À la sortie de l'**étang de Léon**, le courant coule entre les joncs et les nénuphars et la barque glisse sous une voûte de verdure. Le courant débute après le passage du « barrage de la Nasse », se rétrécit au « Pas-du-Loup » et s'engage bientôt dans la « Forêt vierge ». Des cyprès chauves, et voilà Pichelèbe. La végétation redevient dense, difficilement pénétrable. Puis le paysage se transforme. Les hibiscus sauvages se font abondants : ce sont les bains d'Huchet. Au-delà de la dune côtière, le grondement de l'océan.
Bureau des Bateliers - bateliers-courant-huchet.fr

PARC NATUREL RÉGIONAL DES LANDES DE GASCOGNE

La Forêt d'art contemporain

Le site a pour objectif de constituer une collection d'art contemporain dans le **PNR des Landes de Gascogne★**, afin de sensibiliser le public, notamment les jeunes. Des artistes de tous horizons ont commencé à prendre possession des lieux : 27 œuvres monumentales sont réparties sur différentes communes. Un musée à ciel ouvert de 315 000 ha à découvrir lors d'une balade insolite au cœur de la nature. Nous vous conseillons l'**Airial de Bouricos**, un lieu serein autour d'une chapelle du 12e s. et d'une fontaine miraculeuse.
www.laforetdartcontemporain.com

RAUZAN

Grotte Célestine

Descendez à 13 m de profondeur, dans les galeries d'une **rivière souterraine**, vêtu de la panoplie du spéléologue. Vous parcourrez aisément 250 m dans 5 à 15 cm d'eau, appréciant au passage les diverses concrétions. Un surprenant voyage dans les entrailles de la Terre.
8 r. Lansade - www.grotte-celestine.fr

ST-ÉMILION

Église monolithe★

Bâtie « d'une seule pierre », cette église souterraine a été aménagée à la fin du 11e s. dans le rocher à **St-Émilion★★★**, grâce au savoir-faire d'ouvriers carriers. L'intérieur frappe autant par l'ampleur des nefs taillées en profondeur dans la pierre que par la découpe régulière des voûtes et des piliers quadrangulaires. D'énormes structures métalliques consolident les deux piliers qui soutiennent le clocher et ses 4 500 tonnes.
www.saint-emilion-tourisme.com

ITINÉRAIRE 13 - PAYS BASQUE

3 JOURS - 230 KM

ST-JEAN-DE-LUZ > ESPELETTE > ST-JEAN-PIED-DE-PORT > LARRAU > URDOS > CANFRANC

De l'océan à la gare fantôme

À VOIR AUSSI

La **cesta punta** est le sport emblématique du Pays basque. Elle se joue sur un fronton couvert à trois murs, le **jaï-alaï**. On peut assister à des matchs professionnels les mardis et jeudis à 20h45 au jaï-alaï de St-Jean-de-Luz. *18 av. André-Ithurralde - www.cestapunta.com.*

ALTERNATIVE

À St-Jean-de-Luz, briquette, bois et cuisine ouverte chez **Instincts**. On l'aime beaucoup celui-là et on s'y régale d'une gastronomie de bistrot. *20 r. Joseph-Garat - restaurant-instincts.com - €€.*

À VOIR AUSSI

La **maison Ortillopitz★** date du 17e s. et ça se voit. Endroit hors du temps, à deux pas du col St-Ignace, cette grande ferme labourdine présente l'aménagement, le mobilier et les matériaux de l'époque. *Rte de la Platrière - www.ortillopitz.fr*

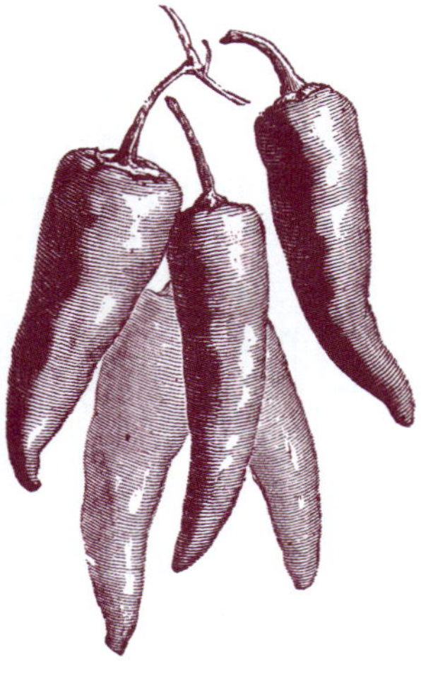

1re Étape

MATINÉE À ST-JEAN-DE-LUZ

Juin 1660. Commençons par un mariage, celui de Louis XIV, roi de son état, avec Marie-Thérèse, infante d'Espagne. Ils sont presque jumeaux, 22 ans chacun. Le mariage est célébré derrière les hautes murailles de l'**église St-Jean-Baptiste★★** *(r. Gambetta)*. L'effet que produit l'intérieur de l'édifice est saisissant pour nous qui sommes sans doute moins habitué au luxe que le couple royal. Mais hélas pour eux, ils n'eurent pas la chance, en s'avançant dans la nef, de contempler le monumental **retable★** qui y prit place quelques années plus tard. Jugez vous-même : des colonnes torses, des pampres, des fleurs, des feuillages, des oiseaux et tout un décor baroque entourent 18 statues, le tout en bois sculpté, peint et doré. Ajoutons à ce décor unique, pour vous convaincre du caractère exceptionnel de cette église typiquement basque, les peintures de la voûte en carène et les élégantes galeries en bois posées sur les murs latéraux de la nef au 16e s. Traditionnellement, les hommes montaient et les femmes suivaient les offices d'en bas. Descendez jusqu'au **port★**, un vrai port de carte postale, avec ses bateaux de couleurs vives, ses pêcheurs œuvrant sur le quai auprès de filets amoncelés et son délicieux concert cristallin émis par le ponton sur pilotis qui roule avec la marée.

DÉJEUNER À ST-JEAN-DE-LUZ

Un peu en retrait du port, on teste la cuisine basque de la meilleure manière chez **Zoko Moko**, dans une maison du 18e s. où les pierres apparentes et la cheminée contrastent avec le mobilier design. *6 r. Mazarin -* [f] *- €€.*

Même en pleine galère, à moitié assommé par votre planche de surf qui peine à danser avec les vagues, vous l'apercevrez, la **Rhune★★★**. Très stable, elle, la montagne emblématique du Pays basque s'élève à 900 m. La **vue★★★** là-haut est absolument paradisiaque. On atteint son sommet de deux manières : en train à crémaillère ou à pied en 3h, ça le fait comme on dit désormais. (L'impératrice Eugénie est montée à dos de mulet mais nous n'en avons pas vu.) *Col de St-Ignace - Sare - www.rhune.com.*

DÎNER ET NUIT À ESPELETTE

Espelette. Son nom fait frétiller les papilles des gourmets et les images des guirlandes de piments rouges qui sèchent en automne sur les façades ont fait le tour du monde. Au **Choko Ona**✿✿, le chef concocte une cuisine contemporaine, fine et subtile, aux produits sourcés au plus près du village. *155 r. Xerrendako-Bidea - www.choko-ona.fr - €€€€.*

Respirez à pleins poumons l'air de la campagne basque en dormant dans la **maison Irazabala**, installée sur les hauteurs d'Espelette avec vue sur les montagnes. Chambres vastes, élégantes et confortables, et petite piscine plantée dans l'herbe. *155 Mendiko Bidea - irazabala.com - €€/€€€.*

2e Étape

DÉPART D'ESPELETTE

Un petit tour dans la charmante **Espelette★**, avec ses ruelles typiques et pentues pleines de charme, de visiteurs et... de magasins de souvenirs et c'est parti pour les collines du Labourd. Vous ne serez pas surpris d'apprendre que **Cambo-les-Bains★**, au bord de la Nive, abrite des **thermes**, lesquels sont en soi une curiosité pour deux raisons : la beauté du parc et l'architecture Art déco du bâtiment. Venu se soigner dans le prestigieux établissement de bains, Edmond Rostand a choisi de dépenser ici les droits qu'il a touchés sur son *Cyrano*. À en juger par la taille de sa maison, ils ont été généreux. C'est donc un rêve devenu **Villa Arnaga★★** qui se déploiera sous vos yeux : une maison néo-basque décorée comme un théâtre et entourée par 15 ha de jardins. La perspective vers les montagnes d'Itxassou s'achève sur un pavillon à pergola, hommage à la gloriette de Schönbrunn à Vienne, où Sissi allait se promener pour contempler le parc du château. C'est vous donner le niveau d'exigence de l'écrivain.
En route pour la Basse-Navarre et **St-Jean-Pied-de-Port★**, au pied des Pyrénées et du col de Roncevaux.

DÉJEUNER À ST-JEAN-PIED-DE-PORT

C'est l'heure de la garbure au **Paxkal Oillarburu**, un restaurant de cuisine basque posé contre les remparts. On ne va pas vous spoiler ce qu'est la garbure, il faut goûter. *8 r. de l'Église - ✆ 05 59 37 06 44 - €.*

Selon l'époque, vous jouerez des coudes avec les jacquets en route vers l'Espagne (GR 65) dans la **rue de la Citadelle★** qui descend vers la Nive. Enfoncez-vous dans le paysage bas-navarrais le long du Laurhibar en passant par les trois chapelles St-André à **Bascassan**, Ste-Croix à **Alciette** et Ste-Engrâce à **Béhorléguy**. Débrouillez-vous pour entrer dans les deux premières pour voir les **décors peints★** naïfs, sinon, on se console avec les clochers-murs, les croix basques et une rare benoîterie (Bascassan) qui font le charme de ces lieux.
Continuez par une après-midi sportive et vertigineuse en Haute-Soule dans les **crevasses d'Holzarte★** *(1h30 à pied AR par le GR 10)*. Les gorges sont taillées dans le calcaire sur près de 200 m de hauteur et nous, on n'a pas du tout aimé la passerelle suspendue à 171 m au-dessus du canyon d'Olhadubi. Pourquoi le platelage de ces ponts de singe est-il toujours à claire-voix ?

DÎNER ET NUIT À LARRAU

Larrau compte un petit hôtel, l'**Etchemaïté** ☺, comme on les aime : simple, joli et admirablement placé au milieu des ondulations des montagnes. Au restaurant *(€€)*, cuisine fine à commander sur la terrasse aux beaux jours. Un petit paradis perché. *Le Bourg - www.hotel-etchemaite.fr - €/€€.*

À VOIR AUSSI

Le village d'Itxassou (n'essayez pas de prononcer le x) est entouré de cerisiers. Promenade enchanteresse à la mi-mars.

APPRENEZ LES LANGUES

Dans les Pyrénées, le mot **port** dérive du latin *portus* désigne le col de montagne. On comprend mieux St-Jean-Pied-de-Port. Dans les noms basques, le préfixe **etche** (etxe, exe) signifie maison. Un pilier du monde basque.

Fonction typiquement basque, la **benoîte**, qui entretenait l'église, était logée dans une maison à proximité immédiate de l'église. Une trentaine de benoîteries ont été recensées en Pays Basque, dont celle de Bascassan, à côté de l'église.

ALTERNATIVE

Après vous être enfoncé dans les gorges, rejoignez les sommets et dormez face aux grandes baies vitrées d'une grange. Isolée, face à un point de vue unique sur les montagnes, elle a été rénovée avec le soin des objets authentiques. On se l'arrache et il faut y rester 3 jours minimum. **Gîte uthurraltia Larrau** - *Arbide-Zola - www.gites64.com - €.*

3e Étape

DÉPART DE LARRAU

Journée dans la **vallée d'Aspe★★**, la plus occidentale du **Parc national des Pyrénées★★★**. Le petit village de **Lescun★** a choisi de s'entourer d'un cirque calcaire aux sommets acérés, au milieu duquel piquent les aiguilles d'Ansabère (alt. 2 377 m). Dans ce belvédère naturel, un des plus beaux de la région et paradis des randonneurs (GR 10), les rochers clairs fusent au-dessus des tapis verts des alpages. On se croirait dans les Dolomites.
Retour vers la civilisation au **fort du Portalet★**. Quand la nature se fraie un chemin, les humains mettent des verrous. Ici, il prend la forme d'une forteresse impressionnante qui surveillait le passage particulièrement étroit à cet endroit. Le fort, construit au 19e s., a finalement surveillé le désert des tartares car, à son achèvement, la France n'était plus en guerre avec l'Espagne. Qu'à cela ne tienne, une autre idée joyeuse a germé : une prison, tiens ! On y a enfermé Léon Blum et le maréchal Pétain. Souvent, politique varie.
N134 - www.pyrenees-bearnaises.com

À VOIR AUSSI

Au-dessus de **Borce★**, le refuge animalier (7 ha) **parc'Ours** développe une approche pédagogique de la faune sauvage et domestique des Pyrénées (ours, isards, chèvres, mouflons, etc.). À condition de respecter les règles, on observe des ours en semi-liberté et les soins qui leur sont apportés. Et n'oubliez pas : un ours hiberne entre novembre et février.
www.parc-ours.fr

DÉJEUNER À URDOS

Si vous étiez un jacquet du 12e s., vous arriveriez sans doute d'Arles pour passer le Somport. Les autres voies se rejoignaient plutôt à St-Jean-Pied-de-Port. Vous serez content de trouver à Urdos l'**hôtel des Voyageurs**, sa salle à manger campagnarde et la bonne truite aux cèpes qui vous attend au menu. *N134 - www.hotel-voyageurs-valleeaspe.com - €.*

Grimpez jusqu'au **col du Somport★★** (bien sûr, on évite le tunnel qui nous recrache directement en Espagne, le col est accessible en toute saison). À 1632 m se détachent des vues sur les Pyrénées aragonaises, aux sommets très découpés. Peut-être passerez-vous le col comme nous, un jour où les frimas et les brumes s'accrochent au versant nord, vert et gris. Soudain, ils se déchirent pour laisser place à la lumière édénique de l'Aragon, et aux couleurs des roches rouges sur les bleus du ciel et des lointains. De l'autre côté de la frontière, vous tomberez sur une sorte de musée d'Orsay au milieu des Pyrénées : la **gare fantôme de Canfranc**. Construite en 1928 sur de grandes ambitions liées au trafic de voyageurs franco-espagnol par la ligne de chemin de fer du Somport, elle n'a jamais atteint ses objectifs et a décliné après la fermeture du tronçon français en 1970. Fermé, abandonné, le superbe bâtiment à l'histoire rocambolesque a été sauvé de la ruine par le groupe hôtelier Barceló.

DÎNER ET NUIT À CANFRANC

Is that a proposition? Dans un luxueux wagon réhabilité, digne de celui de *La Mort aux trousses*, on goûte au **Canfranc Express** ✿ la cuisine aragonaise du chef Eduardo Salanova. Il n'est pas Cary Grant mais il assure en cuisine. Nuit au même endroit, à l'hôtel **Canfranc Estación, a Royal Hideaway Hotel**, cette gare fantôme restée dans son jus des années 1920. Rêves de voyages garantis.
Canfranc Estación - www.barcelo.com - €€€€.

ALTERNATIVE

Excellente alternative : **La Pizze**, du tartare à la pizza en passant par les aubergines au miel. Pas grasses du tout !
Cortes de Aragon - f - €.

Et si on allait voir plus loin

Notre sélection de sites, adresses, expériences insolites en dehors de l'itinéraire

BANCA

Centre Olhaberri

Au cœur de la **vallée des Aldudes★★**, ce centre d'interprétation retrace l'histoire des mines de cuivre de Banca, l'un des sites miniers antiques les mieux conservés d'Europe. L'aménagement des lieux au 19e s. est expliqué grâce à une magnifique maquette commentée de la forge.
Café-restaurant doté d'une belle terrasse.
olhaberri.fr

BÉTHARRAM

Grottes de Bétharram★

Visitez ces grottes au décor fantasmagorique aménagées à cet effet au début du 20e s. par un artiste. Une vraie maison souterraine, cinq étages de galeries, où scintillent de véritables trésors d'Ali Baba taillés dans l'eau et la roche : lustres, colonnes, cloches, cloître roman, etc. L'étage inférieur correspond au niveau d'une rivière souterraine que l'on suit en barque sur quelques mètres.
Chemin Léon-Ross - www.betharram.com

BIDART

Pelote basque

Découverte de parties de pelote à Grand Chistera au **Grand Fronton**. Il est possible de s'initier à la pelote basque avec d'anciens champions qui ont monté l'atelier Ona Pilota.
www.bidarttourisme.com et *www.onapilota.com*

BOURDETTES

Les Sonnailles Daban

L'un des deux derniers ateliers de sonnailles en activité en France (l'autre se situe à Chamonix en Haute-Savoie) vous explique la fabrication des traditionnelles cloches de troupeaux et de chiens de chasse. Vidéo et démonstration.
ZA Samadet - www.daban.fr - visite sur demande (8 pers. mini.).

HENDAYE

Château-Observatoire Abbadia★★

Bâtiment néogothique excentrique (1870), ce château fut construit par Viollet-le-Duc et son élève Edmond Duthoit à la demande d'Antoine d'Abbadie (1810-1897), un « savanturier », explorateur, géographe, astronome, linguiste, philologue, ethnologue, mécène de la culture basque. Il a conservé intacts ses meubles et son décor.
27 rte de la Corniche - www.chateau-abbadia.fr

LARRESSORE

Atelier Ainciart-Bergara★

Toujours animé par des artisans de la même famille, l'atelier fabrique des *makhilas*, cannes en bois de néflier, finement ouvragées, et symboles de liberté pour le peuple basque. Le *makhila* est à la fois un bâton de marche et une arme de défense (une pointe d'acier acérée est dissimulée dans le manche).
75 plazako bidea - www.makhila.com

MAULÉON-LICHARRE

Prodiso
Espadrilles de Mauléon

Appelée *espartina* en basque, cette chaussure de toile à la semelle de chanvre a été utilisée dès le 18e s. Elle fait vivre Mauléon depuis cent cinquante ans. Vous en trouverez dans la boutique de cet atelier.
3 r. du Jeu-de-Paume - www.espadrilles-mauleon.fr

MOURENX

Ville nouvelle

Le long du gave, entre Orthez et Mourenx, plusieurs usines et complexes industriels sont liés aux gisements de gaz naturel regroupés autour de Lacq. Une cité fut construite au début des années 1960 pour loger les salariés du complexe nouvellement créé. Ces immeubles-tours côtoyant les coteaux béarnais paraissent quelque peu insolites en pleine campagne.
Sentier d'interprétation urbain. S'adresser à l'office de tourisme de Monein - 58 r. du Commerce - www.coeurdebearn.com

STE-ENGRÂCE

Grotte de La Verna★★

Cette salle extraordinaire, dans laquelle disparaît une rivière souterraine, est la 3e plus grande cavité connue au monde. Elle pourrait contenir dix fois la cathédrale Notre-Dame de Paris (5 ha). Le visiteur est invité à explorer le monde souterrain, grâce à un parcours vivant et documenté, servi par des spéléologues aussi sympathiques que compétents.
Espace accueil Arrakotchepia - quartier Calla - www.laverna.fr

ITINÉRAIRE 14 - AVEYRON-LOT-TARN

3 JOURS - 161 KM

FIGEAC > VILLEFRANCHE-DE-ROUERGUE > CORDES-SUR-CIEL > CAPENDUT > ALBI > GAILLAC > CHÂTEAU DE SALETTES

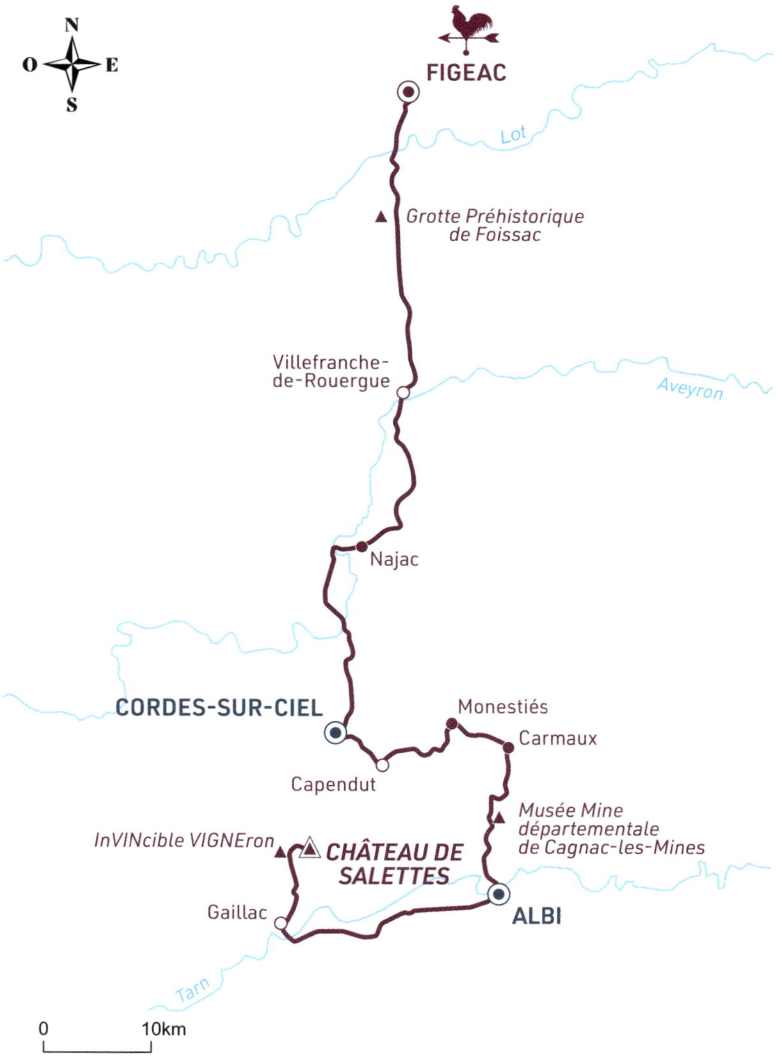

Voyage au centre de la Terre

1re Étape

DÉPART DE FIGEAC

Après une balade dans les ruelles médiévales de **Figeac★★**, ville natale de Champollion, prenez la route vers la **grotte préhistorique de Foissac★**. On parle souvent de musée à ciel ouvert. Eh bien ici, c'est tout le contraire : vous pénétrez dans un musée souterrain. Une caractéristique qui a permis une conservation exceptionnelle de signes de l'occupation humaine, comme une empreinte de pied d'enfant, fixée dans l'argile depuis 4000 ans ! Le site de Foissac a aussi un autre visage : ses formations géologiques, comme les curieuses bulles de calcite surnommées les « Oignons ». Les scientifiques s'arrachent les cheveux pour expliquer leur origine. *Cap de Tété - www.grotte-foissac.fr*

ALTERNATIVE

Fou de Dalí et de peinture, le propriétaire du **Dali's** a le verbe haut et la cuisine astucieuse : produits locaux, recettes simples, menus dans l'air du temps. Sans oublier la vue sur la place Notre-Dame depuis la terrasse en surplomb ! *Arcades Reynies - - €€.*

DÉJEUNER À VILLEFRANCHE-DE-ROUERGUE

À dix minutes à pied du centre-ville historique de celle que l'on surnomme la « perle du Rouergue », vous pourrez vous attabler à **L'Atelier de Damien**. Le chef, Damien Espeillac, est peut-être encore jeune, mais il a travaillé chez les plus grands : ses trois menus reflètent l'expression de sa créativité, tout en gardant un ancrage dans le territoire aveyronnais – dont il est bien sûr lui-même un pur produit. *5 place Louis-Fontanges - www.l-atelier-restaurant.fr - €€€.*

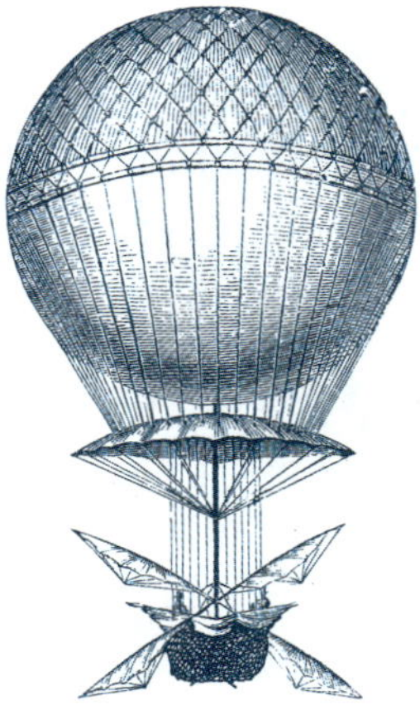

De la ville aux toits roses à la falaise de schiste et son chapelet de maisons médiévales, **Najac★★** cache de belles découvertes : son bourg à fort dénivelé, la **maison du Gouverneur**, la **forteresse★** centrale que l'on peut visiter, sa citadelle dressée vers le ciel. Restez dans les hauteurs pour cette fin d'après-midi, car on croirait toucher l'azur à **Cordes-sur-Ciel★★★**. Petit avertissement : il est (très) facile de craquer pour les produits artisanaux fabriqués ici ! Le bourg médiéval est réputé pour les ateliers d'artisans talentueux qui animent sa rue principale et qui seront fiers de vous conter leurs secrets de fabrication : sac en cuir, écuelle de potier, bâton de pastel, paire de sandales, bijoux, statues en sucre, etc. Vous pourrez admirer ces dernières et d'autres chefs-d'œuvre en sucre au **musée des Arts du sucre et du Chocolat Yves-Thuriès** et fondre devant quelques gourmandises vendues dans la boutique.
33 Grand-Rue-Raimond-VII - www.yvesthuries.com - €.

BALLONS ET BASTIDES EN ROUERGUE

Chaque année, l'association **Vol libre en ballon** organise en juillet un rassemblement de montgolfières dans le ciel rouergat, avec des départs à Villefranche et à Najac. Sur fond de cité médiévale, les ballons colorés offrent un paysage sublime. Osez vivre l'aventure en direct, sur un des vols organisés pour l'occasion ou bien grâce à un baptême tout au long de l'année. Vol sur réserv. *www.ballonsetbastides.com*

DÎNER ET NUIT À CORDES-SUR-CIEL

Accolée au rempart sud, la charmante maison de village accueille la chambre d'hôtes **Le secret du chat**. Installez-vous sur la terrasse et dégustez la belle planche apéro ou le repas concocté par les propriétaires en admirant la vallée qui s'étend devant vous !
16 Le Planol - www.lesecretduchat.com - €€€.

2e Étape

DÉPART DE CORDES-SUR-CIEL

Levez-vous de bonne heure et vous aurez peut-être l'impression de flotter dans le ciel : lorsque la brume gagne la plaine, le bourg semble coupé de la Terre ! Après un copieux petit-déjeuner, flânez dans la ville aux mille ogives et ses ruelles anciennes. L'ambiance, l'âme de la cité est inimitable... Laissez-vous charmer par les secrets de son passé au **musée Charles-Portal**. *1 r. St-Michel - museecharlesportal.fr*

DÉJEUNER À CAPENDUT

Parenthèse bucolique pour le déjeuner à la **Guinguette du domaine Gayrard**. Au cœur du domaine viticole en biodynamie, quelques tables sont dressées en pleine nature afin de respirer l'air enivrant des vignes alentour. Du grignotage au plat raffiné, les propositions culinaires ne manquent pas– et s'accompagneront sans doute d'un vin de la production !
1 ham. de Capendut - www.maison-gayrard.com - €€.

Marquez une halte au ravissant bourg de **Monestiés**★ pour découvrir la remarquable vivacité et la minutie des détails de la **Mise au tombeau**★★ sculptée dans le calcaire. Cap ensuite sur un autre type de patrimoine : le patrimoine industriel. Qui s'imaginerait trouver un bassin houiller, témoin de luttes sociales dignes d'un roman de Zola, à la limite des plaines d'Aquitaine et du Massif central ? Tel est pourtant le cas de **Carmaux**, qui reconstitue, lors d'une visite guidée, la vie des « gueules noires » et leur difficile et périlleux travail de mineur de fond au **Musée Mine départementale** de Cagnac-les-Mines. Simulation d'un coup de grisou, descente en cage dans les galeries, odeurs de terre, de bois, de charbon, la scénographie rend de façon spectaculaire le quotidien des mineurs tarnais. Le puits de mine ouvert aux visiteurs est un vestige unique de l'exploitation minière par le fond.

DÎNER ET NUIT À ALBI

Après une telle journée, les attentes sont élevées. Assiettes généreuses, plats inventifs, produits locaux, chambres confortables et contemporaines : la bâtisse Art déco de l'hôtel-restaurant **Alchimy** réunit tous les critères pour une nuit revigorante. La brasserie bistronomique est une table incontournable de la région albigeoise. Audace, originalité, tradition : autant d'éléments qui créent la parfaite... alchimie. *10-12 pl. du Palais - www.alchimyalbi.fr - €€€.*

ALTERNATIVE

On vient de loin pour passer un bon moment dans le restaurant de la famille Michel. Au **Jardin de Saveurs**, les recettes traditionnelles sont ingénieusement personnalisées. Malgré les apparences de cette maison de caractère aux belles nappes en tissu, l'ambiance est conviviale, et c'est tant mieux ! *1 prom. de l'Autan - juste à la sortie ouest de Cordes - www.aujardindessaveurs81.fr - €€.*

LA FIN DES MINES

Tel est le cas depuis la fermeture en 1997 du site de la Découverte Ste-Marie, dernier gisement exploité à Carmaux. Le point final d'une extraction qui a commencé au milieu du 13e s. ! Après de lourds conflits à la fin du 19e s. entre la famille Solages à qui appartenait le bassin, et les mineurs, soutenus par Jean Jaurès, les gisements connurent leur période de plus forte productivité entre 1912 et 1950, quand les Tarnais étaient encore 7 000 dans la région avant le déclin et la fermeture des puits en 1987. Dix ans plus tard, c'était au tour de la mine à ciel ouvert d'être abandonnée.

ADRESSE

Goûtez les spécialités sucrées de la ville d'Albi : les **jeannots**, délicieux biscuits à l'anis, les **gimblettes au cédrat**, les **navettes**, les croustades aux pommes, les briques albigeoises au pralin, le chocolat pastel, etc. Miam ! Vous trouverez ces douceurs au **marché couvert**, ouvert tous les matins sauf le lundi. *R. Émile-Grand - www.marchecouvert-albi.com*

À VOIR AUSSI

Avec 2 500 ha de vignobles de part et d'autre du Tarn, on ne demande qu'à se lancer à la découverte des vins du coin et il y a de quoi faire ! Plusieurs domaines proposent des visites et des dégustations. Chaque année, le premier week-end d'août est aussi un rendez-vous à ne pas manquer : la **fête des vins de Gaillac** accueille plus de 15 000 visiteurs, qui viennent partager dégustations et animations. *www.vins-gaillac.com*

3e Étape

DÉPART D'ALBI

C'est depuis les rives du Tarn, sur le pont du 22-Août, que vous aurez la meilleure vue sur la **cathédrale Ste-Cécile★★★**, un géant de briques dont la **nef** unique se dresse sans arcs-boutants au cœur de la vieille ville. Le **Vieil Albi★★** est sublime, avec ses hôtels particuliers et sa Cité épiscopale. Inscrite au Patrimoine mondial de l'Unesco depuis 2010, la **Cité épiscopale d'Albi★★★** est unique en son genre par sa couleur, sa puissance et son harmonie. C'est un témoin singulier de la symbiose d'une cité avec un groupe épiscopal que vous découvrirez dans cet ensemble urbain. Vous connaissez désormais Albi depuis la terre ferme : que diriez-vous de l'admirer depuis le Tarn ? En fin de matinée, empruntez une **gabarre**, cet ancien bateau de marchandises à fond plat, pour admirer les remparts du **palais de la Berbie★★**, les moulins albigeois et l'écluse des moulins des Gardes et de la Mothe. Une virée originale pour une après-midi que vous ne laisserez sûrement pas tomber à l'eau. *Berges du Tarn - www.albi-croisieres.com*

DÉJEUNER À GAILLAC

Dans ce restaurant, la vigne règne en maître. Il faut dire que vu son nom, **Vigne en foule**, il ne pourrait en être autrement. Le menu unique est gourmand et intemporel. Et surtout, la cuisine se marie parfaitement au vin. La cave est exceptionnelle, avec près de 200 références, de quoi ajouter au déjeuner un grain de raisin... enfin de folie ! *80 pl. de la Libération - vigneenfoule.com - €.*

Après cette entrée en matière pleine d'arômes, une visite au musée conservatoire sur la vigne et le vin coule de source. Créé par un ancien vigneron, **InVINcible VIGNEron** rassemble plus de 10 000 objets liés à ce domaine. Un passionné, ça va sans dire ! Juste à côté, élargissez votre champ de connaissances **Au passé retrouvé**, qui aborde la vie et les métiers en France au tournant du 20e s. *Tres Cantous - Broze.* Restez dans le passé au **château fort de Mauriac★**, où Bernard Bistes a laissé sa trace de 1962 à 2020 : tout est décoré par le peintre, ce qui confère à la demeure une forte personnalité, une harmonie particulière et surtout une fantaisie à nulle autre pareille que vous découvrirez durant la visite. Tant que vous y êtes : pourquoi ne pas prolonger l'expérience ? Restez dormir au château, vous n'y trouverez pas le confort dernier cri mais un charme et un silence rares. *www.chateaudemauriac.com - €€€.*

DÎNER ET NUIT AU CHÂTEAU DE SALETTES

En plein cœur d'un domaine viticole, la **maison et table d'hôtes** du **château de Salettes★** a bien choisi son emplacement ! La cuisine, dans l'air du temps, est principalement composée de produits bio, évidemment accompagnés des vins de la propriété. Parce qu'une dégustation ne se refuse pas...
Lieu-dit Salettes - www.chateaudesalettes.com - €€€.

ALBI

Et si on allait voir plus loin

Notre sélection de sites, adresses, expériences insolites en dehors de l'itinéraire

BOZOULS

Trou de Bozouls★

En été, survolez le spectaculaire Trou de Bozouls en tyrolienne ! Une expérience ébouriffante et un point de vue unique sur ce canyon de 400 m de diamètre, creusé par le Dourdou dans le causse Comtal, le long duquel s'est établi un charmant petit bourg.

2 bis pl. de la Mairie – www.terresdaveyron.fr

CABRERETS

Gîte Atypique

Voilà une adresse hors norme : dominée par une maison d'architecte bâtie à flanc de colline, la **Chambre d'hôte et gîte Atypique** propose des chambres déroutantes épousant leur environnement (certaines sont creusées à même la roche !). Beaucoup de matières naturelles, des détails décoratifs, des lits ronds suspendus, une salle de bains entièrement vitrée, une chambre dans une bulle transparente... singulièrement étonnant !

Le Bout du Lieu – chambres-hotes.fr/insolites.html

CAUSSE MÉJEAN

Aven Armand★★★

Vous avez envie d'admirer la plus grande stalactite du monde ? Vous êtes au bon endroit ! Elle mesure 30 m de haut et se trouve à l'aven Armand. Le site, une des merveilles du monde souterrain, a, comme souvent pour ces grottes, été découvert par hasard et a depuis 2011 sa place au Patrimoine mondial de l'Unesco.

www.aven-armand.com

HAUTPOUL

Passerelle de Mazamet

Avis aux amateurs de sensations fortes ! Rendez-vous à pied de Mazamet à Hautpoul, en empruntant ce long **pont de singe** sur la vallée de l'Arnette. Il offre une vue exceptionnelle, à 70 m du sol.

Du parking, au 93 r. de la Resse, suivez soit le sentier des jardins Cormouls Houlès (30mn), soit le ch. de la Jamarié (15mn mais plus raide).

LABARTHE

La Colline de Boutiès

Au cœur du Quercy Blanc, vivez une nuit féerique dans un lov'nid à 5 m de haut ou une cabane perchée à 8 m accessible par un pont de singe. À moins que vous ne préfériez la maison de Hobbit cachée dans la forêt ?

Lieu-dit Boutiès – www.collinedebouties.com – €€€.

LAISSAC-SÉVÉRAC-L'ÉGLISE

Marché aux bestiaux de Laissac

Un événement incontournable dans la région ! Ce marché à vocation européenne est le deuxième plus grand de France (après Bourg-en-Bresse). Brebis, agneaux, taureaux, veaux et, bien sûr, superbes vaches d'Aubrac au rendez-vous.

De mi-juin à mi-sept. : mar. matin.

LISLE-SUR-TARN

Musée Art du Chocolat

Au musée Art du Chocolat, le cacao règne en maître. Les pièces imaginées et conçues par Michel Thomaso-Defos, maître chocolatier, et Casimir Ferrer, peintre et sculpteur, sont spectaculaires. Vous y reconnaîtrez certainement la cathédrale d'Albi, ou encore l'obélisque de la Concorde. En prime, une dégustation de grands crus de chocolat conclut la visite !

13 pl. Paul-Saissac – www.chocolat-tarn.fr

PADIRAC

Gouffre de Padirac★★★

Voguez dans un monde à part, celui des « réseaux noyés » du gouffre de Padirac. Une promenade féerique sur cette rivière aux eaux étonnamment limpides où les guides se transforment pendant cette traversée souterraine en gondoliers vénitiens.

www.gouffre-de-padirac.com

PESSALÈS

Église russe de Sylvanès

Elle semble perdue au milieu de cette forêt de sapins. Entièrement en bois, cette église orthodoxe est la reconstitution d'une église construite en 1994 dans la forêt de Khirov, 700 km à l'est de Moscou. Le plan intérieur de l'église est surprenant. Après le porche couvert, on pénètre dans le vestibule, puis dans la salle à manger (où se retrouvent les fidèles après l'office religieux) avant de gagner la nef.

Rens. : bmaury@gmail.com

ITINÉRAIRE 15 - LANGUEDOC

5 JOURS - 360 KM

NÎMES > REMOULINS > UZÈS > MARTINARGUES > MONT AIGOUAL > LES BONDONS > NASBINALS > AUBRAC > ESPALION

À la recherche de la grosse bête

À VOIR AUSSI

Surveillez les expositions au **Carré d'art★**, un centre contemporain intelligent, habillé dans du Norman Foster, en face de la maison Carrée. *www.carreartmusee.com*

ALTERNATIVE

Jadis, l'Imperator gagnait des batailles, aujourd'hui c'est un hôtel à Nîmes qui abrite le **Duende**✿✿, mot intraduisible dont le feu est parfaitement traduit par ce restaurant gastronomique. *Quai de la Fontaine - www.maison-albar-hotels-l-imperator.com - €€€€.*

Le **GARD** présente la particularité rare de ne pas exister, du moins sous ce nom. Formé par l'adjonction de multiples cours d'eau, les **Gardons** réputés pour leurs dangereuses gardonnades (qui ne risquent pas de s'arranger si homo sapiens continue à faire n'importe quoi), il conserve l'appellation de **Gardon** jusqu'à son embouchure.

ALTERNATIVE

Dormez à Nîmes, à deux pas des Arènes, dans un hôtel particulier devenu le sympathique **hôtel de l'Amphithéâtre**. *4 r. des Arènes - www.hoteldelamphitheatre.com - €.*

1re Étape

MATINÉE À NÎMES

Devant la **maison Carrée★★★**, complètement rectangulaire, on se demande qui donne les noms aux monuments antiques. On ne peut pas rêver temple plus gracieux, proportions plus parfaites que ce carré long (c'est donc pour ça) édifié au 1er s. av. J.-C. *(lamaisoncarreedenimes.fr)*. Du monde romain nous viennent aussi les **arènes★★★**, choyées par la grande opération de restauration en cours, théâtre de 24 000 spectateurs, forteresse wisigothique, château des vicomtes, village aménagé pour 700 familles *(www.arenes-nimes.com)*. On aime grimper en haut des gradins pour penser à tout ça, 2 000 ans après la pose de la première pierre, comme on aime se pencher, dans les **Jardins de la Fontaine★★** *(av. Jean-Jaurès)*, sur le charmant bassin 18e construit autour de la source qui est à l'origine de la cité.

DÉJEUNER À NÎMES

Après ce retour aux sources, on peut continuer à méditer sur la conservation du patrimoine au **Ciel de Nîmes**. Perché au 3e étage du Carré d'art, le restaurant brasserie a vue sur les monuments qui émergent des frondaisons des micocouliers. *16 pl. de la Maison-Carrée - le_ciel_de_nimes - €.*

Jamais vu un monument romain surgir ainsi en pleine garrigue. Il paraît qu'il est l'un des mieux conservés au monde. Pour nous, le **pont du Gard★★★**, c'est un pont au-dessus du Gard. En fait, c'est un aqueduc au-dessus du Gardon, et nous vous conseillons, pour en avoir le cœur net, de grimper au 3e niveau et de marcher dans la canalisation (acrophobes, c'est très haut, on vous confirme). Nous, par curiosité (et aussi parce qu'on aime le plancher des chèvres), on a eu envie de suivre le tracé qu'empruntait l'aqueduc entre Uzès et Nîmes (50 km). S'il est enterré à 90% pour préserver la fraîcheur de l'eau, les vestiges aériens sont encore visibles. Super balade, et instructive si vous voulez calculer pour votre jardin la pente de l'aqueduc qui arrosera vos salades. Pas simple. *Sentier balisé - pontdugard.fr.*

DÎNER ET NUIT À REMOULINS

Le plus près, genre confort douillet beige et blanc, c'est le **Soko Hotels**, juste à l'entrée de Remoulins. Au restaurant, Guillaume assure *(€€)*. Il sert une cuisine italienne à la mode provençale, autrement dit tout ce qu'on a exactement envie de retrouver dans l'assiette. La nuit sera douce, surtout si vous avez pu faire un saut dans la piscine avant. *24 av. du Pont-du-Gard - www.sokohotels.com - €€€.*

LES ÉTATS-UNIS AURAIENT-ILS EXISTÉ SANS LA FRANCE ?

Modeste, mais essentielle, telle fut la contribution nîmoise à la conquête de l'Ouest. Très solide, la serge nîmoise s'exportait depuis Gênes, et en 1873, un certain Levy Strauss, émigré bavarois aux États-Unis, eut l'idée d'en exploiter la robustesse pour y tailler des pantalons qu'il vendit aux chercheurs d'or et autres aventuriers partant à la conquête de l'Ouest. Le « bleu de Gênes » prononcé à l'américaine devint **blue jeans** tandis que la marque Denim (de Nîmes) perpétue l'apport du textile nîmois à l'épopée américaine.

2e Étape

DÉPART DE REMOULINS

À **St-Quentin-la-Poterie**, le **musée de la Poterie méditerranéenne** rassemble gargoulette quercynoise, marmite quentinoise, bleu cobalt marocain, nabeul vert et jaune, bol égyptien, et autres merveilles. Nous, on a eu du mal à quitter l'endroit tant ces objets usuels sont simplement beaux *(14 r. de la Fontaine - www.musee-poterie-mediterranee.com)*.

Mes nuits sont plus belles que vos jours. On aurait aimé la trouver cette phrase. C'est à **Uzès**★★★ que Racine a rédigé ce petit bijou de formulation. Il avait beau se plaindre de la langue des Occitans (« Je vous jure que j'ai autant besoin d'un interprète, qu'un Moscovite en auroit besoin dans Paris »), il trouvait qu'il n'y avait rien de meilleur que l'huile d'olive. C'est ça, Uzès, un pays où il fait toujours bon, même la nuit, même en hiver, un accent chantant, une **vieille ville**★★★ silencieuse, une **tour Fenestrelle**★★ romane, des boulevards animés sous les platanes où l'on paresse aux terrasses. Allez, fini le petit café.

DÉJEUNER À UZÈS

En face de la cathédrale, dans un hôtel particulier en pierre blonde, les tables dressées sur la terrasse suspendue de **la Table d'Uzès**✿ attendent que le ballet des assiettes se produise, surtout lorsque l'une d'elles apporte un pigeon des Costières rôti sur coffre.
Pl. de l'Évêché - www.latableduzes.fr - €€€€.

Nous, l'odeur du figuier et de la figue nous transporte. En l'occurrence, elle nous a transporté à **Vézénobres** : la **maison de la Figue** est logée au cœur du village perché, dans les soubassements tout frais d'un château du 14e s. Juste sous le bourg, un verger-conservatoire de 2 ha a accueilli en 2000 une partie de la collection de figuiers du conservatoire botanique national de Porquerolles. La généreuse noire de Caromb, la ronde de Bordeaux, la grosse saint-jean grise, elles sont toutes là. On est reparti avec un parfum d'Uzège et une confiture de figues *(www.maisondelafigue.com)*.

DÎNER ET NUIT À MARTINARGUES

Réservez une chambre à **la Maison du Passage**. Un vrai passage sur l'histoire que cette porte fortifiée, puis tour de guet, transformée en magnanerie avant d'accueillir votre chambre. Vous pouvez demander à François de vous dresser une table pour votre dîner *(€€€)* dans la quiétude inspirée de ce joli village de pierre.
127 r. de l'Église - www.lamaisondupassage.fr - €€€€.

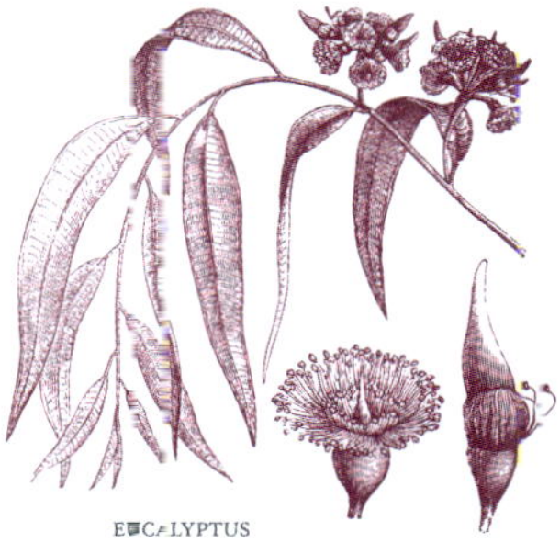

EUCALYPTUS

À VOIR AUSSI

Si ce n'est pas un problème pour vous d'exploser votre nutriscore, le **musée du Bonbon Haribo** se trouve à 4 km au sud d'Uzès. Fraises tagada, oursons gélifiés et marshmallows en vue. *Au Pont-des-Charrettes - www.museeharibo.fr*

ALTERNATIVE

Commandez une assiette de tapas ou une épaule d'agneau des Alpilles dans la cave toute fraîche du **Bec à vin**, ou mieux, sous les figuiers de la terrasse. Vins soigneusement choisis. *6 r. Entre-les-Tours - www.lebecavin.com - €€.*

LA FIGUE, QUÉSACO ?
Un fruit ? Raté. C'est une fleur inversée. En fait, la figue est une sorte de sac plein de mini-fleurs qui se transforment en akènes (les fruits), ces petits grains qui craquent sous la dent.

MAISON CARRÉE À NÎMES

À VOIR AUSSI

Depuis 1902, l'arboretum de l'**Hort-de-Dieu** (jardin de Dieu) teste les espèces les plus adaptées au reboisement des montagnes. En quelque 120 ans, il a déjà pas mal poussé pour agrémenter votre balade. *Boucle de 4,7km - 3h30. Au départ de l'observatoire du mont Aigoual.*

ALTERNATIVE

Si vous êtes parti sans pique-nique, figurez-vous qu'il y a un élevage de bisons à Lanuéjols. C'est donc votre quart d'heure américain, façon ranch, grillades et charcuterie, soit à la boutique, soit (en été) dans la bergerie. **Randals Bison** - *Les Randals - www.randals-bison.com - €.*

À VOIR AUSSI

Les **gorges du Tapoul★** vous appellent. Soit pour vous tremper dans les baignoires d'eau claire (clairement ce qu'on a fait), soit pour descendre en canyoning (ne comptez pas sur nous). *Rousses.*

ALTERNATIVE

La Lozerette est à la fois une auberge chaleureuse, au plateau de fromages inoubliable, et un hôtel coquet aux chambres à rideaux fleuris. Bédouès-*Cocurès - www.lalozerette.com - €/€€.*

3ᵉ Étape

DÉPART DE MARTINARGUES

Il est temps de monter sur le toit du monde (prévoyez un pique-nique). Avant cette expérience ultime, on s'arrête à **Anduze**, capitale cévenole de la poterie, où vous trouverez pour votre jardin de grands vases en terre cuite, qui ne gèlent pas en hiver (par exemple, aux **Enfants de Boisset** - *www.poterie-anduze.fr)*. Dans le parc national, la route continue, tourmentée. On ne veut pas entendre « j'ai mal au cœur », vous n'avez qu'à regarder les paysages. Nous, on les trouve époustouflants. Et le voilà, au milieu du parc national, le **mont Aigoual★★★**. Vous êtes vraiment sur le toit des Cévennes, voire du monde, puisque certains jours de janvier, surtout quand le vent du nord vous congèle sur pieds, des promeneurs (des vantards ?) ont dit avoir reconnu simultanément le mont Blanc (Alpes) et le pic de la Maladetta (Pyrénées).

PIQUE-NIQUE AU MONT AIGOUAL

Pour votre pique-nique *(tables au sommet)*, faites une halte en amont, aux **Terres d'Aigoual**, où plusieurs agriculteurs ont réuni leur savoir-faire et ouvert une boutique de produits du terroir issus de leur exploitation. De quoi vous régaler. Attention, pensez au pain à l'avance ! *Route du mont Aigoual - col de la Serreyrède - www.terres-aigoual.com (pensez à vérifier les horaires d'ouvertures, qui changent selon les saisons).*

Nous, on leur trouve un principe assez masculin aux menhirs de la **cham des Bondons★**. À part à Carnac, vous n'en verrez jamais autant réunis en un même endroit. Et comme à Carnac, on ne sait pas trop pourquoi, il y a 5000 ans, des hommes (?) se sont mis en tête de dresser toutes ces pierres – près de 200 –, qu'il a fallu en plus déplacer sur plusieurs centaines de mètres, voire des kilomètres. Nous, on penche pour le concours. En attendant, la promenade sur ce causse perdu est de toute beauté, même si, depuis le temps, beaucoup de menhirs sont retombés. *D35 entre le col de Montmirat et Le Pont de Montvert - sentier (2h).*

DÎNER ET NUIT AUX BONDONS

À 10mn, dormez dans une ferme typique, la **Biking Farm**, mais vous n'êtes pas obligé de vous appeler Fausto Coppi pour apprécier. Vous vous immergerez dans ce paysage superbe, accueillis par Élise, Jean-Philippe et Tom qui s'y connaissent en bonne cuisine, VTT et beaux sourires. *Le Cros - Les Bondons - www.bikingfarm.com- €€ (un w.-e. mini).*

4ᵉ Étape

DÉPART DES BONDONS

Assez de pierres, passons aux animaux. Pour enchaîner des unes aux autres, **Mende★** est un excellent sas puisque vous y trouverez, outre une **cathédrale★**, un formidable et pédagogique **musée du Gévaudan★** *(3 r. de l'Épine - musee-du-gevaudan.fr)*. Vous nous voyez venir avec notre bête. Et donc, en abordant le plateau de l'**Aubrac★**, sévère et magnifique, vous serez parfaitement préparé à affronter les **Loups du Gévaudan★**, un parc animalier de 20 ha aménagé à flanc de montagne, dans un cadre forestier, où vivent une centaine de *canis lupus*. Après s'être familiarisé avec eux, on se dit que les loups ont bon dos. Quand même, quelques cent meurtres entre 1764 et 1767, c'est beaucoup pour un loup non ? Uniquement des petits enfants ou des jeunes filles ? Nous, on parierait sur une bête à deux jambes. *Hameau de Ste-Lucie - St-Léger-de-Peyre - www.loupsdugevaudan.com*

DÉJEUNER À NASBINALS

Ces histoires nous mettent en appétit, comme disait le loup en regardant la grand-mère. Tout près du village où se retrouvent pèlerins et randonneurs, nous n'avons pas résisté à l'aligot du **Buron du Ché**. Il est filé comme il se doit et, en plus, on le déguste dans un cadre splendide, sur une colline dominant l'Aubrac. *Le Ché - www.buronduche.com - €€.*

Hameaux esseulés, villages retirés, impressions de bout du monde, si la bête du Gévaudan ne vous a pas traumatisé, consacrez l'après-midi au plateau de l'**Aubrac★**. À 1300 m d'altitude, le **village★** du même nom est planté au cœur d'une région de pâturages, où paissent l'été les plus belles vaches que nous connaissons, les aubrac à la robe fauve. Longues cornes, yeux langoureux, elles portent sur le front un petit tapis soyeux.

DÎNER ET NUIT À AUBRAC

Quand on cède au charme puissant de l'Aubrac, on cède à celui de l'**Annexe d'Aubrac**. Même si le thème n'a rien à voir avec l'aligot, la chambre Transylvania a réussi à nous dépayser, entre ses énormes murs de pierre et son décor en bois peint, façon *Bal des vampires*. On s'endort dans les lumières tamisées et les étoffes chatoyantes, après avoir dîné dans les salons tout aussi baroques.
Pl. des Fêtes - www.lannexedaubrac.com - €€.

UN BURON, QUÉSACO ?
C'est une cabane de berger bâtie au milieu du pacage. Construit en basalte et granite, percé d'une seule ouverture, il ne sert plus à fabriquer la fourme mais à abreuver les promeneurs d'aligot.

ALTERNATIVE

Sébastien Bras ✿✿ est juché sur un promontoire. Vue panoramique de la salle à manger où la terre se met à chanter dans l'assiette, quand arrive le gargouillou de jeunes légumes. Laguiole n'est plus très loin, pourquoi ne pas tenter l'expérience ? Le Suquet - *Rte de l'Aubrac - Laguiole - www.bras.fr - €€€€.*

ADRESSE

À l'**Estive d'Aubrac**, deux jolies chambres, quasi monacales. *139 ch. du Presbytère - www.estive-aubrac.fr - €€€.*

5e Étape

DÉPART D'AUBRAC

Quittez l'austère Aubrac pour rejoindre la vallée sauvage du Lot, à **Espalion★**. Du foirail, on admire le **pont Vieux** (11e s.), le Vieux Palais et les anciennes tanneries à balcons de bois qui bordent la rivière. Il y a surtout un bijou, c'est la prison (1837) restaurée où se loge le **musée des Mœurs et Coutumes**. Il faut le voir pour son cadre unique et pour les objets conservés. *Pl. Pierre Frontin - www.musees.aveyron.fr.*

DÉJEUNER À ESPALION

Une pizza fine et craquante à **la Casa** *(39 bis r. Droite - f - €)* ou un déjeuner plus gastronomique chez **Méjane** où officient deux anciens de chez Bras.
8 r. Méjane - www.restaurant-mejane.fr - €€/€€€.

On vous laisse dans la vallée du Lot, en chemin vers le Rouergue et le Quercy...

CÈDRE DU LIBAN

Et si on allait voir plus loin

Notre sélection de sites, adresses, expériences insolites en dehors de l'itinéraire

AIGUES-MORTES

Salins du Midi

Voilà une visite qui ne manque pas de sel. Elle montre le long cheminement du condiment, de la mer à l'assiette. On comprend comment, pour parvenir aux « tables saunantes », l'eau pompée dans la mer parcourt plus de 70 km dans des roubines ; la concentration de chlorure de sodium y passe de 29 g/l à plus de 260 g/l. Récolté mécaniquement, le sel est amoncelé en de scintillantes « camelles » avant d'être conditionné. Exploité à **Aigues-Mortes★★** par la compagnie des Salins du Midi, il est réservé à l'usage alimentaire.
Rte du Grau-du-Roi - www.visitesalinaiguesmortes.com

AIGUES-VIVES

La Botte Gardiane

Marque de chaussures artisanales créée en 1958, La Botte Gardiane perpétue un savoir-faire intimement lié à la région. Au cours de la visite guidée, vous découvrirez le processus de fabrication des célèbres bottes camarguaises en assistant aux démonstrations des artisans. Boutique, pour acquérir « l'extension de l'âme des éleveurs camarguais ».
296 Vieille Route - www.labottegardiane.com

COURRY

Grotte de la Cocalière★★

Sans petit train ni aménagements touristiques, nos ancêtres préhistoriques appréciaient déjà la Cocalière, puisque la grotte a révélé une occupation allant du paléolithique (40 000 av. J.-C.) à l'âge de fer (400 av. J.-C.). Sa galerie horizontale de 1 200 m déroule un festival de concrétions aux formes extraordinaires.*www.grotte-cocaliere.com*

GÉNÉRARGUES

Bambouseraie de Prafrance★★

Ce parc exotique fut créé en 1855 par Eugène Mazel. Cévenol passionné de botanique, parti en Extrême-Orient pour étudier les mûriers indispensables à la culture des vers à soie, Mazel fut séduit par ces curieuses plantes que sont les bambous et en rapporta des plants. Grâce à sa fortune, il commença en 1856 ses premières plantations, essayant d'acclimater des espèces provenant du Japon, d'Amérique du Nord et de la région himalayenne. La forêt de bambous, bénéficiant d'un sol enrichi par les alluvions du Gardon, d'une nappe phréatique et d'un microclimat, est vite devenue une jungle étonnante.
552 r. de Montsauve - www.bambouseraie.com

LANGOGNE

Chemin de Stevenson★★

Le 22 septembre 1878, l'écrivain écossais Stevenson entreprend avec son ânesse Modestine la traversée des Cévennes sur les traces des camisards, entre Le Monastier-sur-Gazeille et St-Jean-du-Gard. Le récit de son aventure, *Voyage avec un âne à travers les Cévennes* (1879), devenu un best-seller, a ouvert la voie à des générations de randonneurs. Autrement dit GR 70, le sentier à travers les Cévennes a vu fleurir les gîtes et, dans les principales haltes, des ânes attendent des randonneurs ou des familles à accompagner. Langogne peut être un point de départ pour cette expérience d'une dizaine de jours, que nous vous conseillons d'organiser au printemps ou à l'automne.

LODÈVE

Manufacture nationale de la Savonnerie – atelier de Lodève

C'est l'unique annexe de la manufacture des Gobelins de Paris. Spécialisée dans la création de tapis depuis le 17e s., cette manufacture perpétue une tradition ancestrale. On y tisse des tapis d'exception destinés au Mobilier national, aux monuments nationaux, aux ambassades et à l'Élysée. L'atelier de tissage est ouvert à la visite, sur réservation.
Imp. des Liciers - www.tourisme-lodevois-larzac.fr

Lerab Ling

Près de Lodève, cet authentique **temple bouddhiste** tibétain, toits retroussés et couleurs vives, vous attend pour méditer. Lerab Ling a reçu à deux reprises la visite du dalaï-lama. Pourquoi pas vous ?
L'Engayresque - lerabling.org

MIALET

Grotte de Trabuc★★

La grotte de Trabuc, la plus grande des Cévennes, servit de cachette aux camisards durant les guerres de Religion et abrita un repaire de brigands, les « Trabucaïres », dans les galeries ramifiées de son entrée naturelle. Outre les gours, lacs, cascades et autres concrétions, elle abrite un remarquable paysage souterrain, dit des **« 100 000 Soldats et la muraille de Chine »★★**, formé dans des gours.
Rte des grottes de Trabuc - www.grotte-de-trabuc.com

MÈZE

Musée-parc des Dinosaures et de la Préhistoire

Sur ce site a été mis au jour un grand gisement d'œufs et d'ossements de dinosaures datant de 65 millions d'années. Vous pourrez découvrir, dans ce parc de plus de 6 ha, le squelette d'un brachiosaure (12 m de haut, 25 m de long), des reconstitutions grandeur nature de charmantes bêtes, comme le deinonychus ou le terrifiant tyrannosaure (6 m de haut, 14 m de long). Quelques nids contenant des œufs ont été laissés *in situ*.
D 613 - www.dinosaure.eu

MONTPELLIER

L'Arbre blanc★

Emblème du quartier de Port Marianne, la dernière folie architecturale de **Montpellier★★★** est l'œuvre du Japonais Sou Fujimoto. Haut de 56 m, ce bâtiment poétique à l'architecture inventive, légère et pragmatique, est le point culminant de la ville. Lieu tout trouvé pour accueillir un rooftop bar.
10 Parvis Oscar Niemeyer - *larbre-restaurant.fr*

Le Rockstore

Un monument, une institution. La salle de concerts la plus célèbre de Montpellier, à la légendaire façade crevée d'une Cadillac rouge, propose presque tous les soirs les petits et les très grands noms de la scène musicale nationale et internationale.
20 r. de Verdun - www.rockstore.fr

NARBONNE

Cathédrale St-Just-et-St-Pasteur★★

Dans la cathédrale de **Narbonne★★**, au-dessus de la chapelle de l'Annonciade, la salle dite du Chapitre, abrite le Trésor des archevêques, ou du moins ce que l'on en conserve aujourd'hui, dont une **tapisserie flamande★★** du 15e s. La salle réserve une surprise : son admirable voûte de brique n'est pas qu'un plaisir pour les yeux, elle peut aussi chatouiller les oreilles. Il suffit pour s'en convaincre de se placer dans un des coins. Si quelqu'un prononce une parole à l'angle opposé, la voûte vous la transmettra fidèlement, et vous l'entendrez comme si vous y étiez.
Rue Armand-Gauthier

SÈTE

MIAM

Musée ludique et unique en son genre, le **Musée International des Arts Modestes** présente des collections d'objets du quotidien d'ici et d'ailleurs, accumulés par Hervé Di Rosa et Bernard Belluc. Ces objets, qui reflètent l'univers fantasmagorique des deux artistes, ravissent les adultes nostalgiques et fascinent les plus jeunes. Outre ses collections, le MIAM conçoit et présente des expositions originales dans lesquelles se côtoient toutes formes d'art populaire, d'art singulier et d'art contemporain.
23 quai du Mar.-de-Lattre-de-Tassigny - www.miam.org

ST-GUILHEM-LE-DÉSERT

Dans une vallée du bout du monde, au confluent du Verdus et de l'Hérault, se cache un joyau de pierres blondes : ce **village★★** resserré autour d'une abbaye et niché au pied d'impressionnantes falaises calcaires. La cité légendaire, qui porte le nom de son patron fondateur, a conservé son identité médiévale avec une authenticité rare.

ST-LAURENT-LE-MINIER

Cascade de la Vis★

Ces chutes d'eau, distribuées en un parfait arc de cercle, sont inscrites au Patrimoine mondial de l'Unesco. Elles sont très appréciées des baigneurs, qui viennent en nombre profiter de ses eaux cristallines (et fraîches !) et de sa végétation abondante (chaussures d'eau conseillées).

STE-ÉNIMIE

Utopix

En vingt ans, Jo Pillet a charrié 240 tonnes de pierres pour construire ses igloos sur le causse de Sauveterre. Étranges constructions, non dénuées d'humour, tout en vagues, lignes et courbes de pierre, posées dans un site exceptionnel. Pour une fois qu'un parc de loisirs n'est pas construit en plastique fluo.
La Sirvente - www.utopix-lozere.fr

VILLENEUVE-LÈS-MAGUELONE

Cathédrale de Maguelone★

Une cathédrale sur une île, perdue parmi les étangs, voilà une image d'une beauté aussi insolite que sereine ! C'est Maguelone, dont les restes des bâtiments se dressent sur une légère éminence, au milieu d'un bouquet de pins parasols, de cèdres et d'eucalyptus.
Sur l'île de Maguelone - compagnons-de-maguelone.org

ITINÉRAIRE 16 - ARDÈCHE & DRÔME

3 JOURS - 172 KM

VALS-LES-BAINS > AUBENAS > ALBA-LA-ROMAINE > MONTÉLIMAR > LE POËT-LAVAL > RICHERENCHES > VISAN

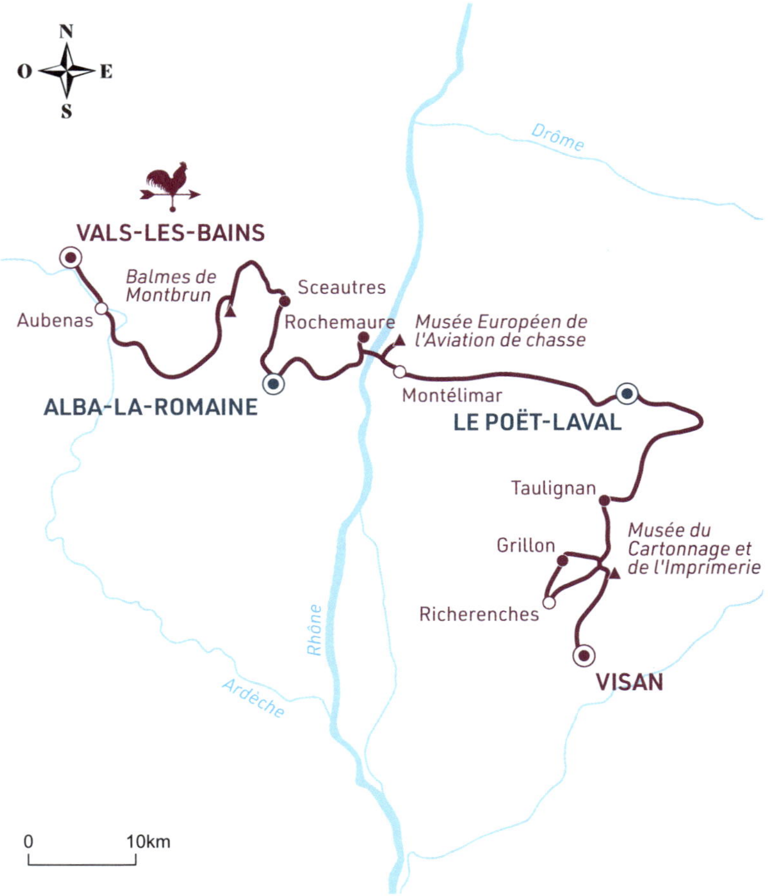

De bulles en soies

MOULIN À EAU

ALTERNATIVE

Drôle de coïncidence : le restaurant **Les Coloquintes** a aussi pris ses quartiers dans un moulin. Circuit court, produits de saisons, truites, châtaignes, fruits : plein de bonnes choses à déguster sans modération dans une salle contemporaine, sous le plafond voûté du moulin. *18 quai de l'Ardèche - www.les-coloquintes.com - €.*

À VOIR AUSSI

Depuis Sceautres, un sentier escarpé mène au sommet que coiffe une statue de la Vierge. Une courte balade *(30mn)* idéale pour admirer le **panorama★** sur la coulée basaltique du Coiron à l'ouest et la plaine d'Alba au sud.

1re Étape

DÉPART DE VALS-LES-BAINS

C'est un début pétillant qui s'annonce, comme l'eau ardéchoise de **Vals-les-Bains**! La famille Champanhet est la première à avoir affermé les eaux de Vals-les-Bains. Sa maison, léguée à la ville, est devenue le **musée des Savoir-faire ardéchois** : travail de la terre, du bois, du fer, de la soie, variété des moulins, cultures en terrasses... Vous y découvrirez d'étonnantes informations sur les hautes Cévennes ardéchoises, histoire d'en savoir un peu plus sur la région avant de commencer le voyage. *Maison Champanhet - www.aubenas-vals.com/maison-champanhet*
Vérifiez bien votre montre cependant, pour ne pas arriver en retard à un rendez-vous immanquable : le jaillissement de la **source intermittente**, au parc de la ville. Aux alentours de 11 h, vous aurez peut-être la chance de la voir jaillir de plusieurs mètres. *Vérifiez les horaires avant de vous y rendre, ils peuvent varier - www.aubenas-vals.com*

DÉJEUNER À AUBENAS

C'est entre les robustes silhouettes du **château★** et du **dôme de St-Benoît** d'Aubenas que vous attend la **Villa Tartary**. Cet ancien moulin à eau qui intervenait dans la fabrication de la soie ne manque certainement pas de charme. Le chef joue avec les saveurs sans pour autant s'éloigner de la tradition. Comme ça, on se régale et on découvre du pays! *64 rue de Tartary - www.restaurant-ardeche.com - €€€.*

Après ce bon déjeuner, enfilez vos chaussures de randonnée pour découvrir les **balmes de Montbrun**. Armez-vous de courage dans la descente de ce sentier escarpé à flanc de ravin pour découvrir ces mystérieuses grottes. Sur ce versant se trouvent les balmes à deux étages, les plus curieuses ; la plus vaste s'ouvre sur un petit replat gazonné et montre, à l'intérieur, des banquettes taillées à même le roc. *Parking à hauteur d'une ferme (panneau) - 45 mn AR.* **Sceautres★** constitue une autre étrangeté de la nature : le minuscule village de ce **site★** étonnant semble écrasé sous le rocher de basalte noir qui le domine, simple piton de lave dégagé de la cheminée d'un ancien volcan par le tumultueux torrent qui coule en contrebas! Même si l'Ardèche est une région volcanique, la ville gallo-romaine d'**Alba-la-Romaine★** n'a pas connu un sort identique à celui de Pompéi. Ce qui n'a pas empêché de découvrir une foule d'objets du quotidien, dont la mise au jour d'une boutique de verrier, une trouvaille d'une grande rareté... que vous pourrez observer au **MuséAl★★**, petit mais très riche. *Quartier St-Pierre - museAl.ardeche.fr.*

DÎNER ET NUIT À ALBA-LA-ROMAINE

Votre déambulation dans le site archéologique entre le forum et le théâtre antique vous aura sans doute ouvert l'appétit. Pas de menu gallo-romain au programme, mais une cuisine fraîche et raffinée aux **Saveurs d'Alba**, une des bonnes adresses de la ville. En prime, une carte des vins avec les productions du village sublimera votre dîner. *Pl. du Château - www.restaurant-saveurs-d-alba.com - €.*

Une bonne nuit de repos vous attend au **Jeu du Mail**, l'une des chambres d'hôte les plus anciennes d'Ardèche. Les propriétaires vous accueillent avec un plaisir évident dans leur chaleureuse demeure en lisière du village.
R. du Jeu-de-Mail - lejeudumail.free.fr - €.

2e Étape

DÉPART D'ALBA-LA-ROMAINE

Avant de vous rendre à Montélimar, pourquoi visiter **Rochemaure**★ ? Parce que c'est un **site**★★ vraiment impressionnant ! Le contraste entre les prismes de basaltes succédant, sur la rive du fleuve, aux escarpements calcaires est unique, et particulièrement impressionnant depuis la **passerelle himalayenne**★. Gare aux coups de vent : la passerelle peut bouger – et c'est un peu ce qui la rend si attirante ! Elle enjambe le Rhône pour relier Rochemaure à Ancône, dans la Drôme. **Montélimar** aussi a une position charnière entre l'Ardèche et la Drôme, et le nougat n'est pas le seul ingrédient de sa renommée : son **château**★, sa **vieille ville** et les **allées provençales**★ constituent une agréable promenade.

DÉJEUNER À MONTÉLIMAR

Justement, posez-vous dans le havre de verdure de ces larges voies, plus précisément au restaurant **Le Moderne**. Cuisine au goût du jour, plats bistronomiques, créativité, audace et saisonnalité : l'équipe tire son épingle du jeu ! En témoignent la généreuse côte de cochon servie rosée, la tatin d'abricot ou encore le menu à la truffe et le filet de maigre de Méditerranée.
25 bd Aristide-Briand - www.restaurant-lemoderne.fr -€€.

Prenez place à bord de la Caravelle SE 210 n° 116, à destination du **Musée européen de l'Aviation de chasse**. Durant votre vol (pardon, votre visite), vous pourrez observer plus de 65 avions, dont certains dépassent les 20 t. Encore plus fou que les maquettes, les sièges éjectables ou l'atelier de restauration ? Imaginez-vous en tant que pilote d'un DC7 en vous installant directement dans le cockpit. « Montélimar, vous me recevez ? » Pas sûr que les appareils de communication du célèbre avion de ligne fonctionnent encore, mais tentez votre chance du côté du **musée des Transmissions militaires** installé dans le hangar ouest, où une collection unique retrace toute l'évolution des communications militaires.
Imp. de l'Aérodrome - rte d'Ancône - www.meacmtl.com

DÎNER ET NUIT AU POËT-LAVAL

Posez vos valises à l'hôtel **Les Hospitaliers** pour faire un tour sereinement dans le village perché du **Poët-Laval**★ au milieu de ses vieilles pierres blondes chauffées par le soleil. C'est d'ailleurs dans une de ces maisons en pierres sèches que vous pourrez déguster la cuisine fine et moderne du restaurant de l'hôtel. À moins que vous ne choisissiez la superbe terrasse panoramique ?
Le vieux village - www.hotel-les-hospitaliers.com - €€€.

ADRESSE

Au pays du nougat, les alléchantes boutiques se suivent, mais ne se ressemblent pas. Évidemment, il est impensable de ne pas goûter à la spécialité du pays, surtout quand elle est si gourmande. Vous pouvez par exemple vous rendre au **Chaudron d'Or** (*7 r. du 45e-R.T. - www.chaudron-dor.com*) ou encore au **Suprem'Nougat** (*av. St-Martin - www.suprem-nougat.fr*)... ou dans une des fabriques que vous aurez croisé durant votre balade en ville !

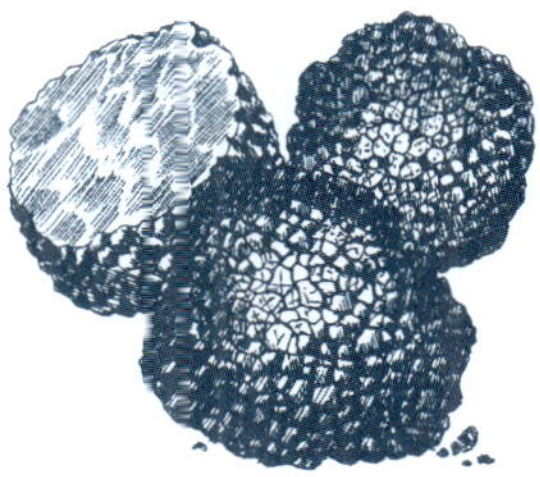

ALTERNATIVE

À mi-chemin entre Montélimar et Dieulefit, **Le Jabron** abrite des chambres simples et confortables. Le restaurant prône le local, avec une cuisine de pays et des producteurs locaux : de quoi vous régaler sur la vaste terrasse ou dans la salle à manger avec vue sur les collines environnantes.
105 av. Madame-de-Sévigné - La Bégude-de-Mazenc - www.lejabron.fr - €€.

LE DIAMANT NOIR

La truffe noire se reconnaît à son arôme puissant et à sa chair noire parcourue de veines blanchâtres. Saveur typique de la région, elle occupe une place importante dans le cœur des caveurs et rabassiers, qui partent à sa recherche au pied des chênes et des noisetiers durant l'hiver, avec un chien dressé à cet effet. Richerenches est d'ailleurs la capitale de la truffe.

L'ENCLAVE DES PAPES

Achetées en 1317 par les papes d'Avignon pour agrandir leur fief, Valréas, Richerenches, Grillon et Visan rejoignent la France lors de la Révolution. Tout aurait pu s'arrêter là, mais lors de la création des départements, les quatre villes décident de rester attachées au territoire vauclusien. Une curiosité administrative unique en France !

ALTERNATIVE

La **Maison d'Anvers**, c'est une palette de goûts et de couleurs issue des cuisines méditerranéenne et provençale. Poissons frais et crustacés, viandes du pays, épices fraîches, huile d'olive illuminent les assiettes. Des chambres d'hôtes font aussi partie de cette ferme rénovée, pour ceux qui aiment prolonger le voyage le plus longtemps possible. *71 ch. des Anthelmes - www.maisondanvers.com - €€.*

3e Étape

DÉPART DU POËT-LAVAL

Saviez-vous que le vieux bourg médiéval de **Taulignan** fut l'un des fleurons de la production de soie ? L'Ardèche et la Drôme ont compté de nombreuses magnaneries. Plongez dans la fascinante aventure de la fibre délicate à l'**Atelier-musée de la Soie**★ : comment est-elle fabriquée, quels outils sont nécessaires, comment fonctionnent les machines, quel est le principe de la sériciculture ? Vous craquerez peut-être pour un souvenir soyeux à la boutique du musée. *Pl. du 11-Novembre - www.musee-soie.com.*

DÉJEUNER À RICHERENCHES

O'Rabasse, c'est la célébration de la gourmandise au cœur de la capitale de la truffe. Tout est fait maison par le chef, avec l'appui de fournisseurs locaux, parfois bio, et dans le respect des saisons. On passe un bon moment, d'autant que l'accueil est souriant et le service efficace. *Réserv. conseillée - 5 pl. de la Pompe - www.orabasse.com - €€€.*

Lorsque les paisibles villages de **Richerenches** et **Grillon** vous auront livré leurs secrets, cap sur le **musée du Cartonnage et de l'Imprimerie**. Voilà comment **Valréas** s'enrichit dès le 19e s. : des boîtes de médicaments les plus utilisées aux coffrets des parfumeurs particulièrement prisés, il y a de grandes chances pour que vous reconnaissiez un des emballages sortis de ces ateliers. Un petit musée qui entretient l'histoire d'un grand succès industriel ! *3 av. du Mar.-Foch -* .

DÎNER ET NUIT À VISAN

Cap sur Visan, la dernière ville de l'enclave des papes. Là encore, entre vignes, vergers et chênes truffiers, vous découvrirez une superbe ferme restaurée au cœur d'un jardin paysager aménagé en plusieurs îlots où vous pourrez déambuler à votre guise. À la table d'hôte du **Mas des Sources**, vous aurez l'occasion de goûter à la cuisine familiale et généreuse de Martine, la propriétaire. *Ch. N.-D.-des-Vignes - Rte de Vaison-la-Romaine - www.mas-des-sources.com - €€.*

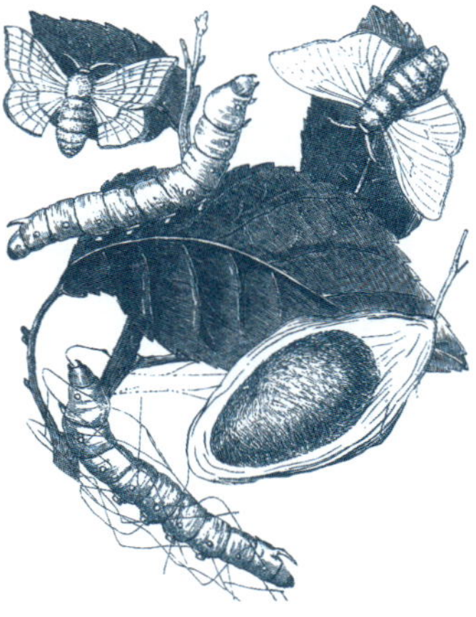

VERS À SOIE

Et si on allait voir plus loin

Notre sélection de sites, adresses, expériences insolites en dehors de l'itinéraire

HAUTERIVES

Palais idéal du Facteur Cheval★★

Au milieu du jardin, sur un quadrilatère d'environ 300 m², s'élève une construction d'une dizaine de mètres de haut, hérissée d'étranges ornements. C'est le Palais idéal, une œuvre naïve étonnante. Essayez de percer les secrets des différentes scènes créées par le Facteur Cheval, dont le dernier travail fut son **tombeau★★**, recouvert de coquillages, qui se trouve non loin.

8 r. du Palais - www.facteurcheval.com

HAUTE VALLÉE DE L'ARDÈCHE

Cascade du Ray-Pic★★

Le volcan du Ray-Pic a donné naissance à une coulée de lave d'une longueur exceptionnelle (23 m), dans laquelle la cascade et le ruisseau du Pic se sont frayé un chemin. Enfoncez-vous dans la forêt à sa suite pour les découvrir de plus près !

45mn à pied AR

Thueyts★

Belvédère de la Gueule d'Enfer, **échelle du Roi★** ou échelle de la Reine, belvédère des Géants ou encore **Pont du Diable★** : voilà quelques-uns des circuits que vous pourrez parcourir afin d'admirer l'étonnante curiosité naturelle de Thueyts, la **chaussée des Géants**. Cette coulée de basalte a été creusée par la rivière, formant ainsi une falaise rocheuse de plus de 80 m de hauteur !

HOSTUN

Le Monde merveilleux des lutins

Trolls, gnomes, farfadets, gremlins et autres mystérieux personnages de pays enchanteurs sont réunis dans une ferme transformée en petit royaume de rêve pour une sarabande magique.

Les Guerbys - www.mondedeslutins.com

JAUNAC

Nuits D'y Cimes

Barboter dans un jacuzzi en plein air au cœur du décor spectaculaire des **montagnes des Boutières★★**, ça vous fait envie ? Cinq bulles transparentes perchées à proximité du **rocher de Brion★** vous attendent pour profiter de la vue panoramique et de cette nuit unique...

3110 rte de Brion - www.nuitsdycimes.fr - €€€€.

PLATEAU DES GRAS

Aven Marzal★

En plus de la visite de l'aven, si vous êtes fan de *Jurassic Park*, ne manquez pas la promenade ombragée du « zoo préhistorique », qui présente des reproductions, plus ou moins crédibles, de quelques spécimens de la faune locale d'autrefois. Dimétrodon, stégosaure, brachiosaure, tyrannosaure et mammouth... Bref, de quoi vous faire plaisir.

106 Rte de Plance - Saint-Remèze -

ST-CLÉMENT

École du vent

Hissez les voiles en direction des monts d'Ardèche et partez à la rencontre du peuple du vent : parcours interactif autour des thèmes du vent et de l'envol, sentiers d'interprétation, ateliers de fabrication ludiques (cerfs-volants, fusée). Les plus audacieux s'envoleront, équipés d'ailes, dans une « machine diabolique ».

4 ch. de Largailler - www.ecole-du-vent.com

ST-PIERREVILLE

Ardelaine

Non loin de la superbe route de crête qu'offre la **corniche de l'Eyrieux★★★**, comptez les moutons au musée vivant de la Laine et du mouton dans le village de St-Pierreville. En plus de découvrir les différentes races de mouton, vous pourrez vous initier au filage !

Puausson - www.ardelaine.fr

ST-UZE

Maison de la céramique

Les bleus de St-Uze sont peut-être moins célèbres que le bleu de Chartres, mais ils symbolisent pourtant sa signature ! Des panneaux interactifs et des vidéos vous décrivent l'histoire de la céramique, une production locale grâce à la présence d'argile kaolinique dans la région, et de ses techniques de fabrication.

Pl. du 8-Mai-1945 - www.territoire-ceramique.com

VALLON-PONT-D'ARC

Le Silex

Tenté par une halte hors du temps, à deux pas des célèbres **gorges de l'Ardèche★★★** ? Si le nom des chambres (Âge de fer, Âge de pierre ...) et l'ambiance troglodytique peuvent rappeler les premiers occupants de la région, vous serez rassuré par le décor contemporain et le luxe des installations de cet hôtel.

Rte des Gorges - www.pontdarc.com - €€€€.

ITINÉRAIRE 17 - ALPES

3 JOURS - 375 KM

ÉVIAN-LES-BAINS > FLAINE > LES CARROZ-D'ARÂCHES > AILLON-LE-JEUNE > URIAGE > JARDIN ALPIN DU LAUTARET

Surprises *sous les* glaciers

À VOIR AUSSI

Le conformisme, quelle plaie. On vous dit « faites une cure, c'est *so chic* », et tout le monde s'engouffre. Avouons tout de même que ces ruées vers l'eau ont eu du bon. Évian a connu un véritable âge d'or à la Belle Époque. Et vous ? Vous ferez de gros progrès dans l'histoire des styles architecturaux en visitant le **palais Lumière★**, le **Casino** et l'**Hôtel de Ville**. N'oubliez pas le **funiculaire** !

ALTERNATIVE

Joignez l'utile à l'agréable, apprenez les styles de la Belle Époque tout en déjeunant en terrasse devant le lac. Soit à la **Terrasse du baron** dans le **Casino** *(casino.evianresort.com - €€)*, soit à **la Véranda** dans l'hôtel **Royal Évian**, qu'on peut atteindre en funiculaire. *hotel-royal.evianresort.com - €€€.*

LA BELLE ÉPOQUE, QUÉSACO ?

C'est le nom d'une période historique (chrononyme) entre deux guerres, celles de 1870 et de 1914.

ALTERNATIVE

À **Yvoire**, une crêpe aux **Galets** *(avant 18h ! - 10 r. de l'Église - €)* ou un dîner sur la terrasse du **restaurant des Pêcheurs** *(restaurantdespecheurs.fr - €€)*, puis une nuit au **Pré de la cure** à l'entrée de la cité médiévale, devant la toile marine du Léman. *1 pl. de la Mairie - www.hotel-restaurant-piscine-haute-savoie.com - €€€.*

1re Étape

MATINÉE À ÉVIAN-LES-BAINS

Évian-les-Bains★★ garde un trésor. L'eau. Pourquoi cette eau appartient à un groupe et non à tout le monde ? Mystère et boule de gomme. En attendant, tout le monde peut boire à la **source Cachat**, l'une des principales sources d'Évian. Elle coule en permanence sous une **rotonde** aménagée en 1903 *(av. des Sources)*. En face de l'édifice, on a construit la même année une buvette où se retrouvaient les curistes. Cette sorte de « temple de l'eau » était le haut-lieu des mondanités (et des échanges de potins) de la station thermale à la Belle Époque. Destituée de ses fonctions originelles en 1958, la **buvette Cachat**, joyau de l'Art nouveau, connaît actuellement un spectaculaire chantier de restauration. On peut le visiter par petits groupes *(www.evian-tourisme.com - réservez)* et littéralement mettre son nez sur les décors, en attendant la réouverture en 2026.

DÉJEUNER À ÉVIAN

Chez **Pédalo Crêperie**, commandez du local et du bio, ingrédients qui composent des salades gourmandes et des crêpes aux noms poétiques : Week-end à Florence, Amour de vacances... La petite salle est précédée de quelques tables sur la rue. *18 r. Nationale - pedalo_creperie - €.*

Vous n'avez jamais pris de bateau solaire ? Montez dans celui qui vous emmène aux **Jardins de l'eau de Pré-Curieux★** au bord du lac Léman. On vous expliquera à quoi sert l'eau, en plus de la douche, et pourquoi il vaut mieux préserver la biodiversité *(ville-evian.fr)*. Les jardins convoquent des parties insoupçonnées de vous-même. C'est ce que vous découvrirez en visitant celui des **Cinq Sens★** *(www.jardin5sens.net)* à **Yvoire★★**. Dans la cité médiévale, descendez ensuite jusqu'au **port des Pêcheurs**, le plus charmant.
On quitte le Chablais, direction les **Aravis★★**.

DÎNER ET NUIT À FLAINE

Vous vous sentirez comme un coq en pâte au **restaurant-hôtel Lapiaz**, un grand chalet traditionnel qui propose dix chambres décorées avec des matériaux nobles et naturels. Dînez sur place dans la grande salle où trône un bar en merisier. *Lieu-dit La Cascade - www.hotel-lapiaz.com - €€.*
Vous pouvez aussi opter pour un dîner savoyard au **Michet**. *Lieu-dit Le Michet - www.restaurantlemichet-flaine.com - €€.*

2e Étape

DÉPART DE FLAINE

Au réveil à **Flaine★**, premier choc, certains peuvent regretter les peaux de phoque et les refuges en bois devant le béton tous azimuts. Quelle mouche a bien pu piquer un industriel dans les années 1960 à venir polluer ainsi le cœur des Alpes ? L'amour de l'architecture ? C'est vrai que, avec sa femme, ils ont confié à Marcel Breuer (celui du Bauhaus)

le soin de dessiner les plans de la station. Vous pouvez donc suivre une **visite artistique de Flaine** (*www.centredartdeflaine.com*). Mais pour l'infiniment grand, sautez dans la télécabine des Grandes Platières et montez au **Désert de Platé**★, soit un saut de 900 m en moins de 10mn (là, on regrette moins les peaux de phoque). Là-haut vous attend, à défaut de désert, une des plus belles vues sur le massif du Mont-Blanc, de l'aiguille Verte à l'aiguille de Bionnassay (bon courage pour les reconnaître, courez à la table d'orientation), et, pour les marcheurs, certaines des plus **belles randonnées** qu'on puisse entreprendre dans le secteur : vous trouverez enfin le désert, le fameux lapiaz, lunaire et minéral.
Après les mécanismes de la nature, l'horlogerie des hommes. Précision miniature et complications sont de mèche pour capturer le temps au **musée de l'Horlogerie et du Décolletage** de **Cluses.** Penchez-vous sur l'infiniment petit, sur les battements et les échappements au cœur de ces prodiges d'invention. *Espace Carpano & Pons - 100 pl. du 11-Novembre - musee.2ccam.fr.*

DÉJEUNER AUX CARROZ-D'ARÂCHES

Rendez-vous sur la terrasse du chalet traditionnel des **Servages d'Armelle,** ou même dans la grande salle à manger en pierre et bois, où la vue porte loin sur la chaîne des Aravis et la vallée du Mont-Blanc, tandis que l'assiette porte loin les saveurs et le raffinement. En hiver, passage de skieurs! *841 rte des Servages - Arâches-la-Frasse - www.servages.com - €€€.*

Cap sur Aillon, via **Annecy**★★. Vous entrez bientôt dans le **massif des Bauges**★. Passez par le **pont de l'Abîme**★, suspendu à 94 m au-dessus de la gorge où coule le Chéran qui, lui, sort des Bauges. Observez les **Tours St-Jacques** qui se détachent devant les dernières pentes du Semnoz. Il paraît que ces monolithes de pierre se déplacent de 3 cm par an. Si même les pierres bougent, la vie est partout. On voudrait s'enfouir dans l'écosystème préservé par le parc régional, pas vous ? Essayez l'**Asinerie et plantes du Cul du bois**. Le lieu porte tellement bien son nom. Vous visiterez le jardin pédagogique où poussent des plantes médicinales, cultivées en agriculture biologique. Il entre plein d'autres essences, qu'il faut savoir cueillir en forêt, dans les tisanes, sirops et autres boissons de la petite boutique. Si vous voulez révéler la sorcière qui est en vous, suivez un atelier en été. *Lieu-dit Le Cul du Bois - Doucy-en-Bauges.*

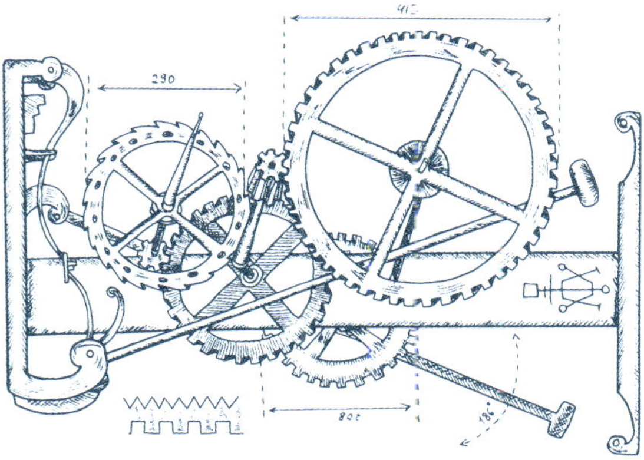

ALTERNATIVE

Pousser jusqu'à Annecy pour déjeuner ? Sur le lac, aux **Terrasses du lac**, la vue est sublime et l'assiette raffinée (*7 rte du Semnoz - www.restaurant-les-terrasses-du-lac.com - €€€*) ou dans le Vieil Annecy, chez **Cozna**, la tradition rime avec jeunesse et subtilité. *22 fg Ste-Claire - restaurantcozna.com - €€.*

À VOIR AUSSI

On dit que le diable se cache dans les détails. À 10mn du pont de l'Abîme, le torrent de Bellecombe bouillonne sous le **pont du Diable**★, un détail frais et vivifiant et un but de promenade.

À VOIR AUSSI

Nous, on a peur du noir, mais les mordus des Bauges peuvent les explorer par en dessous : randonnée souterraine (env. 1h30) dans la grotte de la Tanne du Neve. **Spéléorando** - *www.karst-3e.fr*

ALTERNATIVE

À quelques boucles de lacet au-dessus d'Aillon-le-Jeune, une vieille ferme aux poutres brunies abrite les quatre chambres d'hôte de **la Grangerie**. Idéal pour les sportifs, été comme hiver (table d'hôte). *Les Ginets - www.lagrangerie.com - €.*

ALTERNATIVE

À Grenoble, où le **musée des Beaux-Arts★★★** est particulièrement riche, déjeunez au **Ciel Rooftop**, qui a pris place sur la terrasse sommitale de la faculté de géologie, entièrement rénovée. Nous, on a bien aimé le risotto végétarien avec vue sur Grenoble, mais nous, on avait pensé à réserver. *17 r. Maurice-Gignoux - www.ciel-rooftop.com/grenoble - €.*

À VOIR AUSSI

Alors maintenant, on construit des métro dans les montagnes ? Pour les nostalgiques de la ville sans doute. Aux Deux-Alpes, le **Dôme Express** vous monte à 3 300 m en passant sous le glacier. Vue dingue à la sortie évidemment et départs des skieurs en hiver. *www.les2alpes.com*

DÎNER ET NUIT À AILLON-LE-JEUNE

Allons ailleurs ! L'**auberge d'Aillon et d'ailleurs** tire le meilleur profit du val d'Aillon : potager, fromage de coopérative, agneau fermier, herbes sauvages, etc. Les bâtiments sont récents et les alpages, à travers les vitres, multiséculaires. *795 rte de la Correrie - www.aillon-ailleurs.com - €€€€.*

3e Étape

DÉPART D'AILLON-LE-JEUNE

Allez, ciao les Bauges, bonjour les **Écrins★★★**. Mais pas tout de suite, car nous, les longues routes, ça nous fatigue. Descendez par le **Grésivaudan★**, la vallée entre la cluse de Chambéry et celle de Grenoble. À votre droite, le massif de la **Chartreuse★★**, à gauche celui de **Belledonne**. Il y a un remarquable escalier d'eau dans les jardins du **château du Touvet★**, prétexte tout trouvé pour vous arrêter. Vous connaissiez l'escalier roulant, l'escalier en colimaçon, mais l'escalier d'eau ? Et en plus, du jardin à la française qui l'encadre, vous admirerez tranquillou la chaîne de Belledonne, justement. On visite aussi les aménagements intérieurs, qui forment avec les jardins un bel ensemble du 18e s. *(Le Touvet - chateaudutouvet.com)*. Le quart d'heure culturel terminé, occupez-vous de votre gosier.

DÉJEUNER À URIAGE

On a une petite idée pour le surprendre (votre gosier). À la **maison Aribert** ❀❀❀ *(€€€€)*, dans une demeure du 19e s. collée à la colline du parc d'Uriage, le chef Christophe Aribert, amoureux de la nature, a fait de l'éco-responsabilité l'alpha et l'omega de son établissement. Attendez-vous à des herbes et des racines des montagnes environnantes dans votre assiette, pour accompagner les fruits, légumes et fleurs du potager maison, ou les poissons de rivière. Au même endroit, le **café A** ☺ *(€€)* pratique des prix plus doux dans une ambiance café de village. On vous le dit tout de suite, c'est difficile de partir. En cas d'attachement, il y a des chambres. Très bien aussi, genre maison d'hôte où tout est pensé. *280 allée du Jeune-Bayard - maisonaribert.com - €€€€.*

Maintenant que nous avons fait le tour de la montagne en une assiette, nous allons faire le tour du monde en un jardin. Boussole sur le **col du Lautaret★★**. La D1091 traverse l'Oisans, file le long du lac artificiel du Chambon et avance au pied de la **Meije★★★** et de la **barre des Écrins★★★**. Continuez jusqu'au **jardin alpin du Lautaret★**, un lieu centenaire créé et géré par l'université de Grenoble. À 2100 m d'altitude, dans le cadre grandiose des glaciers de la Meije, plus de 2000 espèces de plantes sont rassemblées suivant leur origine géographique. Qu'ont-elles en commun avec vous ? Elles se plaisent dans le milieu alpin. Vous visiterez ainsi les Pyrénées, les Carpates, les Balkans, le Caucase, l'Himalaya, le Japon et les Rocheuses. On dit que c'est un des plus beaux jardins d'altitude au monde. Nous, on ne les a pas tous vus, mais on est prêt à le croire. *Col du Lautaret - Villar-d'Arêne - www.jardindulautaret.com.*

Et si on allait voir plus loin

Notre sélection de sites, adresses, expériences insolites en dehors de l'itinéraire

CHAMONIX

Sésame

Nicolas Pujol, adepte du yoga et passionné de nourriture végétale, a donné à Chamonix son premier restaurant vegan 100 % bio et le seul bar à jus de fruits et légumes pressés à froid. Carte de plats gourmands faits maison, pas de sucres raffinés dans les plats, ni de sulfites dans les vins nature. Jolie terrasse arborée avec vue sur le mont Blanc.
70 av. Ravanel-le-Rouge - www.sesame-montblanc.com

CHAMROUSSE

Tyrolienne géante

Ça décoiffe à Chamrousse avec cette tyrolienne de 1 944 m de long, la plus grande de France à ce jour. À environ 80 km/h, vous descendez 560 m de dénivelé, été comme hiver, avec une vue fantastique sur les montagnes alentour et le bassin grenoblois. Frissons garantis !
Croix de Chamrousse (accès par la télécabine au départ de Recoins) - www.chamrousse.com

LAGNAT-VAULX

Jardins secrets

Un petit vent du sud souffle sur ces jardins et les fontaines, patios, pergolas... On se croirait sous les cieux de l'Andalousie ou dans les jardins d'un palais médiéval. Cet espace en constante évolution change chaque année et se revisite donc à l'envi.
1561 rte de Lagnat - www.jardins-secrets.com

LANS-EN-VERCORS

La Magie des automates

Scènes animées sur le thème du cirque et des métiers traditionnels, un village du Père Noël avec 1 500 figurines, la collection personnelle d'Alain Bardo, créateur d'automates. Un endroit magique !
785 ch. des Fusillés - www.magiedesautomates.com

LA SÔNE

Jardin des fontaines pétrifiantes★

Ce jardin, labellisé Jardin remarquable en 2018 et agrémenté de près de 15 000 plantes, a été aménagé dans un site de pétrification où l'eau, chargée en bicarbonate de calcium, recouvre en quelques mois les objets d'une pellicule de cristaux scintillants constituant le tuf. Jolis parcours parmi les ruisseaux, les cascades, les installations artistiques et les massifs de fleurs venus de tous les continents.
184 imp. des Tufières (accolé au château) - www.visites-nature-vercors.com

N.-D.-DE-BELLECOMBE

Maison des contes de fées

La passion d'une famille a donné naissance à ce lieu insolite où, grâce à de petites scènes illuminées tour à tour, le Petit Chaperon rouge, Cendrillon et autres contes sont dits sur fond musical.
Hameau Le Chéloup - 48 imp. du Bois-Dormant - www.maisondescontes.fr

ST-HUGUES-DE-CHARTREUSE

Musée départemental Arcabas en Chartreuse

Cette église du 19e s. a reçu une décoration monumentale d'**art sacré★** réalisée par l'artiste Arcabas, alias Jean-Marie Pirot, entre 1953 et 1986. Peintures, sculptures, vitraux, objets sacrés composent un ensemble majestueux, soutenu par son chromatisme tonique et la vivacité des scènes représentées. Arcabas joue librement de la figuration ou de l'abstraction, chacune de ses expressions étant nourrie d'une même énergie.
Pl. de l'Église - musees.isere.fr

ST-JEAN-DE-MAURIENNE

Lacets de Montvernier★

Entre le village de Pontamafrey et celui de Montvernier, 18 virages en lacet franchissent 400 m de dénivelée sur 3,5 km, le long d'une route inclinée à plus de 8 %. Ce circuit spectaculaire enchante les motards et les cyclistes avertis. Avis aux amateurs.

LES VILLARDS-SUR-THÔNES

Les Écotagnes

Ici, on s'occupe de tout : de votre transfert en 4x4, de l'apéritif et de votre repas avant votre installation pour la nuit. Au choix, vous dormez dans une cabane perchée dans un sapin, dans un ravissant chalet du 18e s, ou dans un tipi planté en pleine nature. Dans tous les cas, l'expérience est insolite et le confort est assuré. Et pour parfaire votre séjour, plongez dans un bain scandinave face à un paysage époustouflant.
RV au parking, lieu-dit Ranvorzier - www.ecotagnes.com

URIAGE

ITINÉRAIRE 18 - CÔTE D'AZUR

5 JOURS - 350 KM

MARSEILLE > CASSIS > PLAN-D'AUPS-STE-BAUME > NANS-LES-PINS > TOULON > PORQUEROLLES > ST-TROPEZ > ANTIBES > ST-PAUL-DE-VENCE

En été, ou par grand vent, les accès à certains sites sont soumis à restriction en prévention des incendies. Renseignez-vous.

Architectures
de fada
et criques
craquantes

UN OS DEVANT LES CAILLOUX

À l'entrée de la calanque de Port-Miou, sous les pins entre lesquels se dessinent les rochers abrupts, les carrés de ciel limpide et les miroitements marins, un panneau vous explique que les **pierres de Cassis** étaient extraites ici par une entreprise industrielle qui n'a cessé de grandir jusqu'à ce qu'un collectif de riverains obtienne la fermeture de l'usine puis le classement du site en 1936. Une main facétieuse, ou clairvoyante, c'est selon, a ajouté au marqueur en bas du panneau : *Merci les écoterroristes.*

ALTERNATIVE

Les auberges de jeunesse, nous on hésite un peu. Mais celle-là, elle est unique. **La Fontasse** est une maison jaune en haut des calanques, en plein milieu du parc. Pas un bruit (sauf les cigales). La vue sur la mer est incroyable, et l'éthique est orientée bio. Vous n'êtes pas obligé de dormir en dortoir ! *(La Fontasse - www.hifrance.org - €)*. Attention, il faut 50mn à pied pour descendre dîner au port, au **café Sardine**, repaire des Cassidains *(9 rue Pasteur - cafe-sardine.fr - €/€€)* ou au **bar de la Marine** *(5 quai des Baux - bardelamarine-cassis.com - €€)*. Les hypomusclés peuvent envisager l'option pique-nique sur la terrasse de folie de la Fontasse.

1re Étape

MATINÉE À MARSEILLE

Ce matin, on commence très haut. Non, pas à **N.-D. de la Garde**★★★, trop simple. Grimpez plutôt à la **Cité radieuse**★ de Le Corbusier. Té, il n'y est pas allé de main morte le « fada » : un vaisseau de béton de 137 m de long, incluant 337 appartements (toujours habités), une rue intérieure, des boutiques et autres services. Allez voir. On trouve des choses intéressantes à la librairie **Ruptures & Imbernon** (des livres par exemple) et il y a un café sympathique (**L'Archi Gourmand**, n'hésitez pas). Sur le toit-terrasse, la vue à 360° vous met bien la topographie de Marseille dans l'œil, et une galerie d'art contemporain, le **MaMo,** vous explique qui est le fada. Tout ça dans un parc de quelques 3 ha. Au retour entrez dans le centre d'art alternatif **La Friche Belle de Mai**★. On y fait des rencontres intéressantes entre la librairie, les expos, les conférences, performances et concerts, à toute heure du jour (surtout le soir à vrai dire, mais le bar ouvre dès 9h du matin). *41 r. Jobin et 12 r. Fr.-Simon - www.lafriche.org.*

DÉJEUNER À MARSEILLE

On déjeune très bien dans les deux lieux de la matinée, mais on peut avoir envie de faire un caprice, par exemple une douzaine d'huîtres ou un ceviche en terrasse **aux Bords de mer.** C'est fou comme la contemplation du clapot déstresse. *52 corniche Kennedy - www.lesdomainesdefontenille.com - €€/€€€ (rooftop sam.-dim).*

En route pour les **calanques**★★★. Nous, on aime celle de **Port-Miou**, accessible depuis **Cassis**★. Avec son petit air de bout du monde, elle se faufile comme une anguille à l'intérieur du parc national. Si vous voulez vous baigner, choisissez **Port-Pin**★, juste après, petite plage de galets idéale, et pour le coup d'œil grandiose, celle encore après, **En-Vau**★★ pour les pieds marcheurs car elle est raide.

DÎNER ET NUIT À CASSIS

Nuit de rêve en face du **cap Canaille**★★★. Au bord de l'anse au fond de laquelle s'ancre le joli port de **Cassis**★, **l'hôtel des Roches Blanches** s'est fondu dans le rocher et répond à toutes vos envies (y compris le spa). Vous dînerez sur place, aux **Belles Canailles** *(€€€)*, (g)astronomique, devant la mer qui change de couleur toutes les secondes, et dont l'observation sera votre unique effort cérébral *(9 avenue des Calanques - www.roches-blanches-cassis.com - €€€€)*. On vous le dit quand même, à 10mn, le meilleur restaurant du coin, la **Villa Madie** ✿✿✿, occupe un site exceptionnel dans l'anse Corton *(Avenue de Revestel - lavillamadie.com - €€€€ - également brasserie plus abordable).*

LA MADRAGUE, MARSEILLE

2e Étape

DÉPART DE CASSIS

Journée élévation. C'est la loi de la côte d'Azur, un coup en mer, un coup en montagne. À **Plan-d'Aups-Ste-Baume**, vous marcherez sur les traces de sainte Madeleine dans le **massif de la Ste-Baume**★★. Une fois n'est pas coutume. Déjà, on retrouve le fada au centre culturel et sportif **Trouin-Le Corbusier**, et puis, une fois passée l'**Hostellerie**, on grimpe sous une futaie par le GR 9, dit « chemin du Canapé », jusqu'à la **grotte** où sainte Madeleine aurait passé les dernières années de sa vie. Belle **vue**★ de chez Madeleine. *www.saintebaume.org.*

DÉJEUNER À PLAN-D'AUPS-STE-BAUME

Ambiance pastaga au café du village devant votre melon-jambon ou votre pizza au feu de bois sous les platanes qui protègent la terrasse de la **brasserie de la Mairie**. *Pl. de la Mairie - bar-mairie.adretek.com - €.*

Après-midi sportive en haut du **St-Pilon**★★★. Il vous faudra 2h pour atteindre le sommet (alt. 994 m) où se trouvait une colonne (pilon), remplacée par une chapelle. Ici, sept fois par jour, les anges portaient sainte Marie-Madeleine qui écoutait avec ravissement les concerts du Paradis. Pas sûr que vous croisiez les anges mais la beauté du **panorama**★★★ vous soulèvera. C'est certain.

DÎNER À ST-MAXIMIN ET NUIT À NANS-LES-PINS

Dîner gastronomique, et mérité, à la **Table de Bruno** *(32 av. du Mar.-Foch - latabledebruno.com - €€€)* à **St-Maximin-la-Ste-Baume**★★ (où vous visiterez la **basilique**★★), et nuit au **domaine de la Citerne**, dans un mas provençal entouré d'une propriété de 57 ha. Autant vous dire que vous serez tranquille à la piscine ou dans votre chambre claire. *www.domainedelaciterne.com - €€€€.*

ALTERNATIVE

Après la marche, on a rarement envie de reprendre la route. Dormez à l'**Hostellerie de la Ste-Baume** *(2200, CD 80 Route de Nans - www.saintebaume.org - €)* ou à la **Maison rouge** *(1020 rte de Nans - €€)*, et restez à portée de vue de la Ste-Baume.

À VOIR AUSSI

On vous l'a dit, les chapelles c'est notre péché mignon. Devant **N.-D. de Pépiole** (paléochrétienne, rarissime), on se croirait sur une île grecque, et à **N.-D. du Mai**★★, on domine le **cap Sicié** au-dessus d'un à-pic vertigineux. Les vertueux montent à pied entre les résineux méditerranéens, les chênes-lièges, les eucalyptus et les massifs d'arbousiers.

3e Étape

DÉPART DE ST-MAXIMIN-LA-STE-BAUME

En roulant vers Toulon, arrêtez-vous au **Castellet**★, dont les petites routes d'accès en bordure du **massif de la Ste-Baume**★★ échappent à l'urbanisation. Raimu est tellement magistral qu'on avait oublié que *La Femme du boulanger* se situait dans un village si perché. Il est encore là, ce ravissant village, le pétrin en moins, les touristes en plus (choisissez votre époque ou votre heure). En arrivant à **Toulon**★, première chose à faire, prendre le téléphérique du **mont Faron**★★★ *(www.telepherique-faron.fr)*. Pour ne rien vous cacher, nous, on meurt de peur dans ces engins suspendus. Mais là, de la Ciotat jusqu'à la presqu'île de Giens, on domine l'une des plus belles rades d'Europe. Pour un peu on se prendrait pour le roi du monde. C'est à la mode en ce moment, semble-t-il.

ARBOUSIER

ALTERNATIVE

L'**anse Magaud★** se mérite. Il faut marcher sur le sentier des Douaniers pour y accéder. Résultat, ambiance pêcheurs et cabanons (version cosy bobo) à deux pas de Toulon. On déjeune dans ce cadre de rêve à **La Calanque**, un restaurant-bar au décor paillotte récup qui ne peut pas être plus près de l'eau. Idyllique. *367 ch. de la Mer - www.lacalanque.com - €€ (affluence certains jours d'été).*

À VOIR AUSSI

Encore un secret qu'on ne voudrait pas partager. La plus belle des **îles d'Hyères★★★**, pour ceux qui aiment les lieux préservés, est **Port-Cros★★★**. Pas de beach club, pas de mécène, juste le parc national, un petit port, un hôtel charmant, des plages et les oiseaux.

À VOIR AUSSI

Option côté terre. Éloignez-vous des rivages. Loin du monde, la **chartreuse de la Verne★★** est ressuscitée grâce à la volonté d'un groupe d'acharnés. Véritable apparition de pierre au cœur de la forêt des Maures, elle conserve ou a reconstitué des éléments significatifs de son histoire, ce qui rend la visite impressionnante et passionnante.

DÉJEUNER À TOULON

Il y a un **restaurant** sur la plateforme, plus panoramique que gastronomique, mais qui affronte avec courage les vagues de touristes *(réservez - www.le-panoramique-restaurant-toulon.com)*. Notre chouchou, c'est **le Petit Instant**, un restaurant de poche dans notre quartier préféré, le Mourillon. *12 r. Castillon - - €€.*

En route pour Hyères. À la **villa Noailles★**, vous retrouverez l'ambiance du fada, mais option villa pour riche mécène (soixante pièces, quand même, pas courant dans les annonces immobilières). Entre le centre d'art, la vue immense et bleue, et l'architecture de Mallet-Stevens, vous serez obligé de reconnaître que, parfois, les mécènes ont du bon. À **Hyères★**, filez au port de la Tour-Fondue et embarquez pour **Porquerolles★★**.

DÎNER ET NUIT À PORQUEROLLES

Vous aurez réservé votre chambre sur un patio méditerranéen à l'**Auberge des Glycines** qui justifie à elle seule une incursion à Porquerolles. Au restaurant, cuisine provençale *(€€)*. *22 pl. d'Armes - www.auberge-glycines.com - €€.* Évidemment, il est tentant d'opter pour le paradisiaque **mas du Langoustier**, au cas où vous disposeriez vous-même du porte-monnaie d'un mécène. *www.langoustier.com - €€€€.*

4e Étape

MATINÉE À PORQUEROLLES

Bien sûr, il y a les plages idylliques et les sentiers dans la garrigue odorante. Même si vous n'êtes pas fan des fonds d'investissement, à la **Fondation Carmignac★** (un mécène, donc), vous verrez un plafond d'eau, ce n'est pas banal. La villa du même nom abrite un centre d'art contemporain dans un décor *white cube* qui aurait épousé un arbre. Ingénieuse architecture entre nature et culture où le grand poulpe de Barcelo et les saumons de Naumann sont comme des poissons dans l'eau (à ce propos, vous pouvez déjeuner à l'excellent **Poisson ivre**, juste à côté - €€€).

DÉJEUNER À PORQUEROLLES

Pique-nique sur la plage, ou délicieux plat du jour de **l'Orangeraie** (très bien le soir aussi) devant les bateaux aux haubans qui claquent. *Pl. d'Armes - - €/€€.*

Le premier ferry vous ramènera à Hyères, et vous distinguez maintenant le **massif des Maures★★**. Dingue de beauté lorsqu'on le contemple du **domaine du Rayol★★**, soit 20 ha protégés sur le littoral, presque en face de l'île où vous avez déjeuné. Nous, le concombre de mer a fait notre joie, et aussi la démarche écologique, et surtout les jardins méditerranéens qui descendent en pente douce vers les vagues *(www.domainedurayol.org - joli café)*.
Twiiiist, à **St-Tropez★★**. Direct, comme ça, vous descendrez du silence vers l'animation de ce ravissant port de pêcheurs devenu dément. Nous, ce qu'on préfère à St-Tropez, c'est le **cimetière marin**, gardez-le pour votre promenade matinale.

DÎNER ET NUIT À ST-TROPEZ

Après avoir commandé une pizza ou un plat de pâtes chez **Canastel**, dont les tables s'alignent dans une rue piétonne de la citadelle *(1 r. des Feniers - www.canastel-sainttropez.com - €€€)*, dormez sans vous ruiner dans une petite impasse au **Colombier**, aussi paisible que son nom l'indique, à deux pas de la place des Lices. *Impasse des Conquettes - lecolombierhotel.free.fr - €.*

ALTERNATIVE

Restez près du Rayol, vous ferez la route demain. Au **Bailli de Suffren**, vous dormirez dans une chambre luxueuse au sein de cet imposant immeuble en front de mer, qui revendique haut et fort d'appartenir à un lieu en harmonie avec la nature. En effet, de la piscine et des chambres, on voit à perte de vue la mer éblouissante, et on ne voit pas l'hôtel. *15 av. des Américains - www.lebaillidesuffren.com - €€€€.*

5e Étape

DÉPART DE ST-TROPEZ

C'est votre journée célébrités. En route pour **Cannes★★**, où vous ferez juste une pause devant le vieux port, au **Café Crème** *(2 bd Jean-Hibert - www.c-creme.fr)*, avant de monter les marches du **palais des Festivals** et de fouler la **Croisette★**, on ne sait jamais, Brad Pitt pourrait s'être trompé dans ses dates d'arrivée. En route vers Antibes avec inflexion obligatoire par l'**ermitage N.-D. de Vie**, un **site★** suffisamment beau pour y cacher l'antre du Minotaure, à côté d'une chapelle au clocheton couvert de tuiles vernissées. C'est ici en effet que Picasso a fini sa vie, en face de Mougins. À **Antibes★★**, c'est à un autre artiste que vous rendrez visite, à la **fondation Hartung-Bergman**. Le peintre allemand a lui-même dessiné les plans de sa maison, un peu dans l'esprit du fada, dans la pinède en haut d'Antibes. Les ouvertures percent des tableaux de nature dans les murs blancs, à côté d'œuvres de Hartung. Inspirant et reposant. *fondationhartungbergman.fr*

À VOIR AUSSI

Si vous avez pensé à assortir vos sandales à votre cabas de plage, tentez le beach club **Casa Amor**. Sinon, passez votre chemin. *Ch. de Matarane* - - €€.

DÉJEUNER À ANTIBES

Rejoignez **le P'tit Cageot**, dans une rue piétonne du vieil Antibes, pas loin du port de plaisance. Terrasse-trottoir et mobilier de bistrot encadrent une assiette bien faite à prix contenus. *5 r. du Dr-Rostan - leptitcageot.com - €€.*

ALTERNATIVE

Déjeunez sur les terres du minotaure. Incroyable formule du jour au **Patio du Moulin de Mougins**, sur une terrasse à l'ombre d'oliviers et de bambous. *1028 av. N.-D.-de-Vie - lemoulindemougins.com - €.*

On termine la journée à **St-Paul-de-Vence★★**, surtout si, comme nous, vous aimez la pétanque. Sur la **place du Jeu de boules**, les Saint-paulois se retrouvent pour le rituel de fin d'après-midi. Mais avant, vous aurez trouvé le temps d'arpenter un autre espace blanc, type architecture du fada mais corrigée par la fantaisie de Sert, son architecte. Il s'agit de la **fondation Maeght★**, bien garnie d'œuvres d'art du 20e s. et bien sertie dans la pinède. *623 ch. des Gardettes - www.fondation-maeght.com*

DÎNER ET NUIT À ST-PAUL-DE-VENCE

Une salade niçoise s'impose. Ce sera au **Tilleul**, dans le village mais sur une terrasse largement ouverte vers les paysages de Provence.
Pl. du Tilleul - www.restaurant-letilleul.com - €€.
Puisque c'est votre journée art et artistes, réservez la maison démontable de Jean Prouvé (1944) à la **Fondation CAB** d'où la vue porte jusqu'au cap d'Antibes. On adore le côté roulotte en bois. *5766 ch. des Trious - www.fondationcab.com - €€€€.*

TOULON

Et si on allait voir plus loin

Notre sélection de sites, adresses, expériences insolites en dehors de l'itinéraire

AGAY

La station est dominée par les splendides versants de porphyre rouge du **Rastel d'Agay**, au bord de la plus belle rade de l'Esterel. Ligures, Grecs et Romains l'ont fréquentée ; on a retrouvé sous l'eau des amphores romaines provenant sans doute d'un naufrage, il y a 2 000 ans. La grande plage (base nautique) se prolonge jusqu'à la pointe de la Baumette, qui marque l'entrée dans le massif de l'Esterel.

www.saint-raphael.com

CARNOULES

Village des tortues

Dans cet espace naturel de 2 ha, plus de 50 espèces du monde entier sont représentées, dont la fameuse tortue d'Hermann, qui se caractérise par sa jolie carapace bombée couleur olive et noir. Également appelée tortue des Maures, elle est la seule espèce terrestre autochtone, vieille d'un million d'années. Victime en particulier des incendies, mais aussi des machines à débroussailler et du ramassage intempestif des promeneurs, elle est désormais protégée. À l'entrée du village, un centre de soin lui est dédié, ainsi qu'à la cistude d'Europe.

Sur la D 97 - 1065 rte du Luc - www.tortupole.com

ÉVENOS

Perché sur des pentes escarpées, le **vieux village★**, constitué d'un enchevêtrement de maisons et d'une église du 13e s. au clocher à deux baies, s'élève sur une coulée de lave dont on peut encore voir les scories. Le tout est dominé par les ruines d'un château du 16e s. De la plate-forme, la vue s'étend sur les gorges du Destel et le Croupatier tout proches, le massif du Cap Sicié, les gorges d'Ollioules et le Gros Cerveau, la Ste-Baume à l'horizon.

FLASSANS-SUR-ISSOLE

Commanderie de Peyrassol

Fondée au 13e s. par les Templiers, la commanderie est aujourd'hui un grand domaine viticole ainsi qu'une galerie d'art à ciel ouvert. Buren, Dubuffet, Kapoor sont des noms que vous pourrez croiser dans le parc, entre le restaurant et le bistrot.

Ch. de Peyrassol - RN 7 - www.peyrassol.com

FRÉJUS

Baptistère★★

L'un des plus anciens de France, il date de la fin du 4e s. Sa coupole a été reconstruite au début du 20e s. D'extérieur carré, le baptistère est octogonal à l'intérieur ; colonnes et chapiteaux seraient des réemplois des arènes romaines. Les fouilles ont restitué le sol en marbre. Dans le bassin en terre cuite *(dolium)*, l'évêque lavait, croit-on, les pieds du candidat au baptême avant l'immersion dans la cuve centrale (pudiquement dissimulée par un rideau).

LA FARLÈDE

Moulin à huile du Partégal

Au cœur d'une oliveraie de 800 arbres, sur un site existant depuis le 14e s., ce moulin à huile travaille toujours selon les méthodes ancestrales.

159 ch. des Laures - www.moulinduportegal.fr

LE LAVANDOU

L'Arbre au Soleil

Yorann Vandriessche s'est installé au soleil, face aux bateaux de plaisance du port. Il met en valeur des produits de belle qualité, dans une cuisine d'abord dédiée aux poissons et aux crustacés : on se souvient par exemple du lieu jaune de ligne de Bretagne, artichauts barigoule et purée d'artichaut... Fraîcheur, relief, maîtrise : allez-y les yeux fermés.

Nouveau Port - larbreausoleil.com - €€€€

MANDELIEU-LA NAPOULE

Route de Mandelieu★★

La D 92 grimpe sur les pentes du massif occupées par un maquis. La descente rapide sur Mandelieu-La Napoule, parmi les mimosas, est merveilleuse, offrant des **vues★★** sur l'Esterel, la ville, le golfe de La Napoule, Cannes et les îles de Lérins, la vallée de la Siagne, Grasse et les Préalpes ; au loin les cimes des Alpes franco-italiennes.

Floraison des mimosas en janvier-février

PORT-GRIMAUD

Cité lacustre★

Elle fait partie des monuments labellisés Patrimoine du 20e s. L'architecte François Spoerry (1912-1999) créa en 1966, sur une zone marécageuse, une cité lacustre destinée aux marins (un anneau d'amarrage pour chaque maison). Les maisons s'inspirent des villages méditerranéens, et les portes de la cité ont des allures fortifiées. Du haut de la tour de l'église St-François d'Assise (moderne et sobre, vitraux de Vasarely), belle **vue★** sur la cité, le golfe de St-Tropez et les Maures.

RAMATUELLE

Isolées sur leur colline de maquis et de vignes, les maisons de **Ramatuelle★**, blotties en colimaçon, forment une architecture défensive typique des vieux bourgs provençaux. En été, le village se métamorphose en station prisée, grâce à sa plage de Pampelonne située à deux pas et à ses festivals.

SALERNES

Terra Rossa - Maison de la céramique architecturale★

Occupant une fabrique réhabilitée par l'architecte J.-M. Wilmotte, ce vaste ensemble plonge le visiteur dans l'activité de l'usine en faisant appel aux témoignages des derniers ouvriers. Le parcours longe les fours, les bassins de lavage, de décantation et d'évaporation, travaux de force réalisés par les hommes, jusqu'aux ateliers de façonnage à l'emporte-pièce, peu à peu remplacé par la machine, effectué par les femmes. Une salle abrite la collection Benoit Faÿ : 2 000 carreaux décoratifs anciens, du Moyen Âge au 19e s. Une aile est consacrée aux œuvres des potiers de Salernes, invitation à leur rendre visite, et à des expositions temporaires dédiées aux créateurs contemporains ou aux grands noms de la céramique.

Quartier des Launes - www.terrarossasalernes.fr

ST-RAPHAËL

Rand'eau aventure

Balade littorale « Marche et nage » pour découvrir criques, grotte et plage secrète de manière originale : marche, plongeons, nage... Idéal en famille ou entre amis.

Port du Poussai - www.randeau83.com

THÉOULE-SUR-MER

Palais Bulles

Un sentier balisé sur la **pointe de l'Esquillon★★** conduit à une très belle **vue★★** sur l'Esterel et sur la côte, du cap Roux au cap d'Antibes, et sur les îles de Lérins (table d'orientation). En chemin, remarquez au-dessus de l'hôtel de l'Esquillon les rondeurs terracotta du **palais Bulles** : au milieu des villas, le gargouillis de béton bourgeonnant est une œuvre expérimentale d'Antti Lovag construite pour un riche industriel en 1975. Selon le maître de l'architecture « organique », l'homme produit des cercles. Or, les angles droits et les arêtes de sa maison brisent inutilement le mouvement naturel. Le couturier Pierre Cardin, qui avait lancé la robe-bulle en 1954, n'a pas résisté devant ces formes sensuelles : il a mené à son terme le chantier de Lovag après avoir racheté ce Spoutnik truffé de monocles et de lunettes, inachevé, en 1989.

Ne se visite pas.

TRANS-EN-PROVENCE

Boucle du Calant

Quoi de plus apaisant que de se promener au bord de l'eau, d'en suivre le cours et d'en apprécier les plus belles vues ? La boucle du Calant est aussi appelée chemin des cascades en raison du tracé accidenté de la rivière Nartuby. Celle-ci a creusé au fil du temps des gorges d'une profondeur unique en Dracénie. Différents ponts marquant l'histoire du village enjambent le cours d'eau, dont une nouvelle passerelle himalayenne de 70 m de long à 30 m de hauteur. Autant dire qu'elle offre une vue à 360°, jusque sous vos pieds !

1,5 km - dép. au centre du village

VENCE

Chapelle du Rosaire★

Exemple unique au monde pour un monument d'art sacré, cette église (1951) a été conçue par un artiste, Henri Matisse, qui a non seulement élaboré les plans de l'édifice mais aussi tous les détails de sa décoration et du culte.

466 av. Henri-Matisse - www.chapellematisse.fr

VILLECROZE

Grottes troglodytiques

Les seigneurs de Villecroze aménagèrent une partie des grottes en repaire, au 16e s. Du dehors, on aperçoit d'insolites fenêtres à meneaux encastrées dans la roche. Dedans, plusieurs petites salles avec de jolies concrétions, des bassins et des stalactites. Depuis 1924, les grottes sont classées sur la liste des sites et monuments naturels.

Bd Charles-Bernard - www.grottes-villecroze.fr

Index

En **bleu** : villes et *sites* décrits dans le guide le long l'itinéraire.
En **noir** : villes et *sites* décrits dans le guide dans la rubrique *« Et si on allait voir plus loin »*, en fin d'itinéraire.

Abreschviller **(N3)** . . . . n°7
carroyage sur la carte — n° d'itinéraire

N

O

P

Q

R

S

T

U

V

Y

Sur la carte

● ville - ▲ *site isolé (château, abbaye, grotte....)*

LES FABULEUX ITINÉRAIRES MICHELIN

Titres déjà parus

La France **insolite**

La France **gourmande**

La France **nature**

À paraître

L'Italie **gourmande**

La France **des vins**

...

Collection sous la direction de : Manuela Magni
Secrétariat d'édition : Valentine Guégan, Hugo Lemaire, Delphine Storelli
Rédaction : Camille Bouvet, Amaury De-Valroger, Lucie Fontaine, Catherine Guegan, Valentine Guégan, Hugo Lemaire, Emmanuelle Souty, Emeline Plessier, Delphine Storelli.
Ont collaboré à cet ouvrage : Frédérique Gimenez (pilotage), Véronique Aissani (édition cartographique), Eva Boyer (assistante éditoriale), Cristian Catona (prépresse), Virginie Noyalet, Teodora Coroiu, Léonard Pandrea, Éléonore Renton, Corwin Baudet (cartographie).
Direction artistique & graphisme : Éric Laurin & Willem Meerloo (Les Niçois)
Cartographie : © MICHELIN 2025
Fabrication : Sandrine Combeau, Renaud Leblanc
Régie publicitaire : contact.client@editions.michelin.com

Remerciements : Philippe Orain, Jean-Baptiste Passé, Philippe Sablayrolles

Édition 1 - 2025

Crédits :
Dessins & gravures : © Archives MICHELIN sauf :
p. 11 duncan1890/Getty Images Plus - **p. 15** Nicku/shutterstock - **p. 21** bauhaus1000/Getty Images Plus - **p. 22** GeorgePeters/Getty Images Plus - **p. 23** Art tori/shutterstock - **p. 26** Sammy33/shutterstock - **p. 28** Sketch Master/shutterstock - **p. 36** SpicyTruffel/Getty Images Plus - **p. 37** Bitter/Getty Images Plus - **p. 42** Sammy33/Shutterstock - **p. 45** ilbusca/Getty Images Plus - **p. 47** ilbusca/Getty Images Plus - **p. 50** Hein Nouwens/Shutterstock - **p. 52** Tartila/Shutterstock - **p. 58** SpicyTruffel/Getty Images Plus - **p. 58** Nata_Alhontess/Shutterstock - **p. 59** Channarong Pherngjanda/Shutterstock - **p. 61** Channarong Pherngjanda/Shutterstock - **p. 65** duncan1890/Getty Images Plus - **p. 70** Alexander_P/Shutterstock - **p. 72** German Vizulis/Shutterstock - **p. 73** Alexander_P/Shutterstock - **p. 76** Anastasia Panfilova/Shutterstock - **p. 79** clu/Getty Images Plus - **p. 82** ilbusca/Getty Images Plus - **p. 84** Ekaterina Gerasimchuk/Shutterstock - **p. 88** ilbusca/Getty Images Plus - **p. 90** Evgeny Turaev/Shutterstock - **p. 94** NSA Digital Archive/Getty Images Plus - **p. 95** Hein Nouwens/Shutterstock **p. 96** ilbusca/Getty Images Plus - **p. 97** roughedges_stock/Shutterstock - **p. 101** Hein Nouwens/Shutterstock - **p. 103** ilbusca/Getty Images Plus - **p. 105** Dodoromeo/Shutterstock - **p. 108** Istry Istry/Shutterstock - **p. 108** Natalya Levish/Shutterstock - **p. 109** Alena Kaz/Shutterstock - **p. 110** lynea/Shutterstock - **p. 115** Vera Petruk/Shutterstock - **p. 117** Nastasic/Getty Images Plus - **p. 120** Nastasic/Getty Images Plus - **p. 123** ZU_09/Getty Images Plus - **p. 124** Abbie/Shutterstock -
Seulement sur la carte : Les Archives Digitales/Alamy Stock Photo - bauhaus1000/Getty Images Plus - SpicyTruffel/Getty Images Plus - kateluck/Shutterstock.
Couverture : lbusca/Getty Images Plus - Man_Half-tube/ Getty Images Plus - Grafissimo/Getty Images Plus

MICHELIN Éditions
Société par actions simplifiée au capital de 487 500 EUR
57, rue Gaston Tessier - 75019 Paris (France)
R.C.S. Paris 882 639 354

Dépôt légal : 06-2025
Imprimeur : Estimprim, Zone industrielle de la Craye, 25110 Autechaux
Imprimé en France : 05-2025 - Usine certifiée 14001
Sur du papier issu de forêts bien gérées